# प्रतिनिधि कविताएँ



## ज्ञानेन्द्रपति

सम्पादक

कुमार मंगलम

राजकमल पेपरबैक्स

राजकमल पेपरबैक्स में
**पहला संस्करण :** 2022
**दूसरा संस्करण :** 2025



---

**राजकमल पेपरबैक्स :** उत्कृष्ट साहित्य के जनसुलभ संस्करण

---

राजकमल प्रकाशन प्रा.लि.
1-बी, नेताजी सुभाष मार्ग, दरियागंज
नई दिल्ली-110 002
द्वारा प्रकाशित

**शाखाएँ :** अशोक राजपथ, साइंस कॉलेज के सामने, पटना-800 006
पहली मंजिल, दरबारी बिल्डिंग, महात्मा गांधी मार्ग, प्रयागराज-211 001
1, अनमोल सोराबजी सन्तुक लेन, धोबी तलाव, मरीन लाइंस, मुम्बई-400 002
वेबसाइट : www.rajkamalprakashan.com
ई-मेल : info@rajkamalprakashan.com

बी.के. ऑफसेट
नवीन शाहदरा, दिल्ली-110 002
द्वारा मुद्रित

**मूल्य :** ₹199

PRATINIDHI KAVITAYEN
*Representative Poems of* Gyanendrapati
*Edited by* Kumar Mangalam

ISBN : 978-93-93768-51-3

# अदम्य जिजीविषा से लबरेज जीवनधर्मी कविताएँ

ज्ञानेन्द्रपति—हिन्दी कविता का एक मुकम्मल व्यक्तित्व। प्रतिनिधि कविताओं का संकलन उस व्यक्तित्व से कुछ धमनियों एवं शिराओं को खींचकर रखने का प्रयास मात्र है, जहाँ मनुष्यता की रगों में आवाजाही करते रक्त का शीत-ताप है। सत्तर के दशक में प्रकाशित 'आँख हाथ बनते हुए' से ही कवि ने स्पष्ट कर दिया था कि मामला अब आँख का नहीं है, आँख से हाथ तक पहुँच चुका है। दृश्य अब सर्जना के उद्यम से विरचित होना चाहता है। एक ओर युवा मन पर नक्सलबाड़ी आन्दोलन का प्रभाव और उसकी विफलता से उपजा क्षोभ तथा वाम दलों की सिमटती भूमिका, दूसरी ओर अकविता की यौनिकता की मुहावरेदानी जिससे अलग एक संयत एवं सान्द्र स्वर की तलाश इस समय के कवि कर रहे थे। ऐसे में ज्ञानेन्द्रपति की उपस्थिति जीवन के नजदीक की कविता को सम्भव बनाती है। यह आम जीवन की और उसके ताप की कविता है। इसमें जन-विरोधी ताकतों से सीधी एवं तीखी मुठभेड़ है। ज्ञानेन्द्रपति की आरम्भिक कविता नक्सलबाड़ी और अकविता के संधिस्थल पर घटित होती दिखती है और उसमें मुक्तिबोधोत्तर प्रगतिशील कविता में आया आत्म-समीक्षा का स्वर भी ध्वनित होता है। साथ ही, वह अधिक रचनात्मक, विदग्ध, मानवीय आशयों से परिपूर्ण, प्रकृतिपरक, लोक-संवादी तथ्यों से युक्त और पारधीय संवेदना-विन्यस्त कविता में स्वरूप पाती है। पटना समाजवादी आन्दोलन की केन्द्रभूमि रहा है। यहाँ समाज में परिवर्तन-कामी और कारी आन्दोलनों से कवि का सीधा सामना स्वाभाविक है। इनके ताप

में तपना और उससे जूझना कवि-कर्म की जमीन को पुख्ता करना साबित होता है। वह 'खिचड़ी विप्लव' का साक्ष्य ही क्यों न हो! ज्ञानेन्द्रपति की कविताओं में पटना की उपस्थिति का बड़ा महत्त्व है। पटना में रहते हुए उन्हें एक लोकधर्मी बुनियाद मिलती है। उनकी यायावरी और जन-संस्कृति से लगाव का पल्लवन कलकत्ता में होता है किन्तु उनकी कविता की लोक-यात्रा बनारस में नई मंजिल पाती है। इन शहरों की बहुविध छवियाँ इनकी कविताओं में मौजूद हैं। बनारस आने के बाद इनकी कविताओं में बड़े बदलाव हुए। कविताओं में अभिव्यक्त शहर में वे केवल शहराती छवियों में उलझकर नहीं रह जाते, सभ्यता-समीक्षा की ओर बढ़ते हैं। वे अपने झारखंडी गाँव से उसी शिद्दत से जुड़े रहते हैं। गाँव उनकी स्मृति का अंश नहीं बल्कि उनके जीवन-बोध का विश्वसनीय आधार है। गाँव से उनका रिश्ता प्रवासी या अतिथि का नहीं है। उनके लिए भारत केवल शहरों से नहीं बना, वह गाँवों के बिना अपूर्ण है। वे शहर में भी गाँव खोज निकालते हैं। वे संवेदना की उस जमीन पर संचरण करते हैं, जो अधिक गझिन है। उनकी कविताओं में मौजूद क्षेत्रीयता अपने संवेदनात्मक संचरण में एकायामी नहीं बल्कि बहुआयामी है और वह अनायास ही बड़े लोकवृत्त को सम्बोधित करती है। इन कविताओं में आए चरित्रों की चित्रशाला बहुत बड़ी है। ज्ञानेन्द्रपति की कविताओं का रूपक गतिशील और विधेयात्मक है जहाँ पर सामाजिक-राजनीतिक एवं सांस्कृतिक यथार्थ का उत्खनन एवं सटीक व्याख्या मौजूद है। उनके यहाँ परम्परा की प्रवहमानता में ही आधुनिकता अपना देशज आकार-प्रकार पाती है। उनकी चिन्ताओं में न सिर्फ परिधि के मनुष्य बल्कि वे जीव-जन्तु भी हैं जो कविता में प्राय: अछूत माने जाने वाले विषय रहे हैं। स्थानिक जड़ों से उमगती जीवन-दृष्टि सर्वाश्लेषी विश्व-दृष्टि के रूप में फलित होती है। विकास के दावे-दिखावे की असलियत जाँचते हुए वे सत्ता की वैचारिकी के समक्ष तनकर खड़े होते हैं, 'जन-मन-वेदना' की जमीन पर। प्रकृति विमर्श के ऐसे पहले रूपकार के रूप में उपस्थित होते हैं जिसके यहाँ हम प्रकृति-प्रेम को पर्यावरण-चिन्ता में बदलते देखते हैं। यहाँ प्रकृति के बेलगाम उपभोग का दर्शन नहीं, उसके साथ कृतज्ञ साहचर्य का दर्शन है।

# ज्ञानेन्द्रपति

ज्ञानेन्द्रपति का जन्म झारखंड के एक गाँव पथरगामा में 1 जनवरी, 1950 को एक किसान परिवार में हुआ। उच्च शिक्षा पटना में हुई। विश्वविद्यालयीन जीवन में छात्र-राजनीति और जन-संघर्षों में खासे सक्रिय रहे। दसेक वर्षों तक बिहार सरकार में अधिकारी के रूप में कार्य करने के बाद नौकरी को 'ना करी' कहा और बनारस में रहते हुए अपना पूरा समय लेखन को समर्पित कर दिया।

स्वभाव से विनम्र किन्तु दृढ़, ज्ञानेन्द्रपति अभय और करुणा में पगे, जीवन्त, प्रेमिल, खोजी, यायावर, और धरती धाँगने के अभ्यासी हैं। शतरंज से भी उन्हें खासा लगाव है।

उनकी प्रमुख प्रकाशित कृतियाँ हैं—'आँख हाथ बनते हुए' (1970), 'शब्द लिखने के लिए ही यह कागज बना है' (1981), 'गंगातट' (1999), 'संशयात्मा' (2004), 'भिनसार' (2006), 'कवि ने कहा' (2011), 'मनु को बनाती मनई' (2013), 'गंगा-बीती : गंगू तेली की जबानी' (2019), 'कविता भविता' (2020), प्रतिनिधि कविताएँ (2022) (कविता-संग्रह); 'एकचक्रानगरी' (2022) (काव्य-नाटक); 'पढ़ते-गढ़ते' (2005) (कथेतर गद्य)।

'संशयात्मा' के लिए ज्ञानेन्द्रपति को वर्ष 2006 का 'साहित्य अकादेमी पुरस्कार' प्रदान किया गया। समग्र लेखन के लिए उन्हें 'पहल सम्मान', 'शमशेर सम्मान' और 'जनकवि नागार्जुन स्मृति सम्मान' से सम्मानित किया जा चुका है।

गाँधीवादी दर्शन के आस-पास ठहरती इस कविता में 'साध्य-साधन की एकता' की माँग मौजूद है। आधुनिक मन की व्याख्या परम्परा में गहरे पैठ कर सम्भव बनाती ये कविताएँ मनु को मनई बनाने वाली कविताएँ हैं। ये किसी भी मनुष्य को अधिक मनुष्य में तब्दील करने का सामर्थ्य रखती हैं। इन कविताओं में एक स्पृहणीय औत्सुक्य है जिसका एक सांस्कृतिक पाठ सदैव सम्भव है। इन कविताओं में एक आपसदारी है, ये एक-दूसरे से अन्तरसम्वाद स्थापित करती कविताएँ हैं जो किसी एक शिल्प में बँधी नहीं हैं, बल्कि उनका रचनात्मक तनाव उन्हें एक धरातल प्रदान करता है। प्रकृति-प्रेम, ऐन्द्रियता, वैचारिकता, स्थानीयता, वैश्विकता, स्वाधीनता, वैज्ञानिक दृष्टिकोण, सत्यान्वेषण, भाषिक विलक्षणता और कविता की विशिष्ट रचना-प्रक्रिया से ज्ञानेन्द्रपति की कविताएँ निर्मित होती हैं। ज्ञानेन्द्रपति सच्चे अर्थों में निराला और मुक्तिबोध की मुख्तलिफ कविता-धाराओं को अपनी सर्जनात्मकता में युग्मित करने वाले कवि हैं। सघन वस्तु-पक्ष के साथ गहन आत्म-पक्ष का समन्वय उनकी कविता में देह और आत्मा की तरह एकमेक है। अभय में पगी और करुणा को अपना जीव-द्रव्य बनाने वाली यह कविता विचारधारा का बोझ नहीं ढोती बल्कि अपनी वैचारिकता अपने भीतर से उपजाती है। इसीलिए यहाँ आनुभूतिक संरचना के साथ नवीन भाषिक संरचना का पल्लवन लगातार होता चलता है, जिसमें तत्सम और देशज सहचर बने चलते हैं। निबन्ध बनने की जगह, निर्बन्ध चलती हुई यह गद्य कविता नहीं बल्कि निराला-प्रस्तावित मुक्तछंद का तत्त्वाभिनिवेशी नित नवीन छांदिक आवेग है, जहाँ व्यापक जीवन-द्रव्य के साथ-साथ हिन्दी की विशाल शब्द-सम्पदा का सार्थक संदोहन मौजूद है। सर्वजनसंवेद्य काव्य होने के साथ ही यह, विगत पचास वर्षों के भारतीय जीवन के सामाजिक-राजनीतिक एवं सांस्कृतिक फलकों पर उत्कीर्ण वास्तविक इतिहास का पाठ भी है, आधिकारिक इतिहास के समांतर, वंचित-प्रवंचित बहुजन की पक्षधरता के साथ किया गया वैकल्पिक पाठ।

बेहद साधारण और असाधारण के बीच की अचीन्ह जमीन पर अपने को सम्भव बनाने वाली ये कविताएँ कभी-कभी तो सपाट दिखती हुई भी

अपने भीतर कवित्व के वैभव को समेटे अथाह के आभास को धारण किए होती हैं। ऐसे में ज्ञानेन्द्रपति की समस्त रचनाओं के प्रतिनिधि स्वर को उजागर करना चुनौती भरा कार्य है। इस छोटे संकलन में भरसक यह कोशिश की गयी है। इस बहुप्रतीक्षित प्रातिनिधिक चयन में, प्रकाशित संग्रहों से कविताओं के अतिरिक्त अनेक असंकलित ही नहीं, अप्रकाशित कविताओं का भी समावेश किया गया है। रचनाओं को कालक्रमानुसार न रखकर विषयानुसार ही रखा गया है। इस प्रस्तुति में अधिक से अधिक कविताएँ सहेजी जा सकें, इसलिए ही इस भूमिका को संक्षिप्त रखना मुझे उचित लगा है। अदम्य जिजीविषा से लबरेज ये जीवनधर्मी कविताएँ पाठक की जिजीविषा को सींचेंगी, यह आशा सकारथ होगी, इस विश्वास के साथ...

—कुमार मंगलम

# क्रम

# झारखंड के पहाड़ों का अरण्यरोदन

डबडबा आया है भुरुकवा
पूरब में भिनसार का भान है
चिड़ियों का उजला कलरव जागने से पहले
अँधियारी में एक काली कराह की मद्धिम गूँज है

वह कौन है
इस नीरव झारखंड में
अपने कलपने को
अपने भी कानों से दूर
हिरदै की पुट्ठी में कसे हुए?

वे छोटानागपुर के ठिगने पहाड़ हैं
यहाँ के काले दुबले हड़ियल बूढ़े
आदिवासियों की तरह ही चुप्पा कठिन

नए दिन के लिए वे तैयार कर रहे हैं खुद को
अब आएँगे पर्वतों के पंख काटने वाले वज्रधर इन्द्र के वंशज
अपनी फटफटिया में भड़भड़िया में
और फटाफट धड़ाधड़
चालू हो जाएँगे क्रशर
बारूद की गंध फैल जाएगी हवा में
उनके टूटने की गंध के ऊपर

और वे बोल्डरों में गिट्टियों में खंड-खंड हो जाएँगे
चौड़े पंजरों वाले ट्रकों के पेट
टायरों की हवा तक भरते जाएँगे जल्दी-जल्दी
और धीरे-धीरे चमक बढ़ती जाएगी
उन चेहरों पर
जिनकी जेब में उन्हें तोड़ने का पट्टा है—
यानी एक मुहर लगा बेमतलब-सा पर मतलबी कागज
और खुश जो मन ही मन कहेंगे
आज ठर्रा नहीं, विलायती चलेगी

एक नया दिन
कि पुराना दिन
है इन प्राचीन पहाड़ों के सामने
तेज हवाओं में जिनकी ठोस काया में भीतर ही भीतर
अभी भी बज उठता है मैग्मा—धरती का वह मूल द्रव्य—जलतरंग-सा
जिनकी आग्नेय चट्टानें
धरती की प्राचीनतम रचनाएँ हैं
हिमालय के पर्वत-वलय जिनके बच्चे-बुतरू
धुँधली आँखें उठाये नेह से निहारते हैं वे
भूकम्प-तरंगें छोड़ती एड़ियाँ उचका नभ में उठते
हिमालय के बर्फीले-गर्वीले शिखरों के युवमाथ

सत्तर करोड़ वर्षों का समय पसरा हुआ है
उनकी काली घिसी हुई देह में
वे पर्वतकुल के आदि पुरुष हैं
बस सात करोड़ वर्ष हुए हैं, इनके कुल-खूँट में
उगी थी हिमालय की कोंपल
विन्ध्याचल तब नाच-नाच उठा था मगन
अरावली पर्वत-मालाओं ने गाये थे सोहर

आशीष दिया था इन पठारों से
आदिपर्वतों ने

ये वही पुरखे पहाड़ हैं जिनके हाड़
आज लालची मानव-गिद्धों का भोजन-भर

पूरब में
डबडबा आया है भुरुकवा
कि जैसे वह छोटानागपुर के छीजते जंगलों, मिटती वनस्पतियों, खँखुरते खनिजों की
आँख हो
कि क्या धरा है भू में
इन भूधरों की छाँह के गुजर जाने के बाद
बस आतप और बिपत।

*(संशयात्मा में संकलित)*

## पथरगामा और एक छोटा पत्थर

झारखंडवासी पथरगामा ने अपना एक छोटा-सा पत्थर
उछाल दिया हवा में
सैर कर आने को दिग्-दिगंत की
उसके बधिराते कानों में सुनाने कथा अनंत की

गर्दालूद वह छोटा-सा पत्थर पक्षधर
मैं हूँ, मैं
इसीलिए 'मिट्टी के मोल' का हकीर मुहावरा
कभी इस्तेमाल नहीं कर पाता
क्योंकि मिट्टी का मोल जानता हूँ

उसे अमोल मानता हूँ
और इसीलिए चाहे अटका होऊँ किन्हीं तुहिन-कणों में
तिमिर घनों में
अधरात जब आदमी निंदासे पत्थरों में बदल जाते हैं
और कल तोड़े जाने वाले झारखंड के पथरीले पहाड़—
हाड़-हाड़ पहाड़
मारे जा रहे आदमियों की तरह अपने चुप में चीखते हैं
एक सपने की छतरी खुलती है
आहिस्ता उतरती है
अगोरती धरती पर
बूढ़े गाँव की
नन्हा पत्थर पथरगामा से कनबतियाँ करता है
मनबतियाँ सुनता है
कभी-कभी कहने-सुनने से अधिक कहा-सुनी
तनातनी
कि लो! पूरब में बल उठता भुरुकवा, बोलता-सा :
विदा! विदा! विदा!

*(कविता भविता में संकलित)*

## ललमटिया में लहू के दाग नहीं दिखते

कहते हैं कि कोई ऐसा जोरावर जलजला आता है कभी
कि अपनी कब्रों में
ताबूतों में बंद सीधे लेटे मुर्दे
बेआवाज कराह के साथ करवटें ले उठते हैं
लेकिन यहाँ हाल यह है कि
अगर्चे आ भी जाए कोई जब्बर से जब्बर जलजला

क्या मजाल कि हिला भी दे
जीते जी दफ्न उन पाँच मजदूरों को
अकूत टनों करियाही मिट्टी के नीचे
मुड़े-तुड़े जो दबे पड़े हैं आँखें पथराये

खनिक हैं वे—श्रमिक
ईस्टर्न कोलफील्ड्स लिमिटेड की भोड़ाय खदान—
कहते हैं जो इस महादेश की सब से बड़ी खुली खदान है—
में खनने-खटने वाले मजदूर
कोयले की धूल से करियाये फेफड़ों वाले
नृशंस लालच के कशाघातों और-और ठेले जाते अंदर
खँखोरने को खनिज
पेटू ट्रकों की प्रतीक्षा जल्द-से-जल्द पूरने को
मुस्तैद रहते हैं सुपरवाइजर
नहीं, देवी लक्ष्मी के उपासक नहीं वे
'महालक्ष्मी' के मुलाजिम हैं
जो एक आउटसोर्सिंग कंपनी है गुजरात की
झारखंड की ललमटिया-खदानों की खनन-ठेकेदार
आँखें चुराये आरर कगार से
उभरती दरार से
उसे तो चाहिए बस और और और
और...

अठारह शव निकाले जा चुके हैं बमुश्किल
ये पाँच तो मानो पाताल का पता ढूँढ़ने निकल पड़े हैं
पोकलेन और जेसीबी और न जाने कौन-कौन-सी विकटबल दाँतेदार मशीनें
हतगर्व माथ झुकाये हाँफती खड़ी हैं
आपदाओं से निपटने को गठित बल-दल के सूरमा कुंठित हैं
अगोरते परिजनों की लपकती आशाएँ लुंठित हैं

ललमटिया की कलमटिया में लहू के चकत्ते
जैसे कि बो दिये गये हैं बहुत गहरे

अब तो लौट भी चुके हैं शोक-संतप्त मुख-मुद्रा वाले राजनेता
और रोष-तप्त युद्ध-मुद्रा वाले यूनियनबाज नेता भी
मरे हुओं को और बचे हुओं को न्याय दिलाने को ठाना गया
एक आमरण अनशन भी—जिसे कि अंततः (और वस्तुतः)
अमरण अनशन ही होना था—एक गिलास शिकंजी के साथ
शांत हो चुका है
मुआवजे के अनमने चेक-वितरण की छप चुकी हैं चंद तस्वीरें अखबारों में
और थोड़ा हट कर भोड़ाय-साइट पर उत्खनन फिर से चल पड़ा है
क्योंकि कोयले के बगैर जाने कहाँ-कहाँ की बिजली-आपूर्ति का स्विच
ऑफ होने का अंदेशा था निर्बल थर्मल पावर-प्लांटों से
गोया बीत चुकी है आधिकारिक शोकावधि और मामूल बहाल हो गया है
और इधर हवा में टँगी हुई है एक माँग अनसुनी
कि दूर-दराज के दूसरे प्रदेशों से कामगार बटोर लाने की जगह
यहाँ के लोगों को क्यों नहीं रखा जाता काम पर
आखिर हम कहाँ जाएँ, हालाँकि जा ही रहे हैं—कहीं और, भारी कदमों
लेकिन उन पाँच लोगों से भला कौन जगह बदलना चाहेगा
कि जहाँ अतल अँधेरे में
आस-पास दबे पड़े हैं
लड्डू यादव और लल्लू खान
और बहुत ऊपर, हवा में
घुली हुई है
धीरे-धीरे चुपायी घंटी की
धीरे-धीरे मिटती ध्वनि-लहर-सी
एक पुकार :
दुनिया के मजदूरो एक होओ!

*(असंकलित)*

## मंगल गान

वे एक गीत छेड़ती थीं
पता नहीं किसे टेरती थीं
कान देने पर भी
बोल समझ नहीं पड़ते थे
वे घुल गये थे एक नाद की नदी में
नदी की गति से कभी उपजा था नाद
यहाँ नाद की नदी बह रही थी
जो अब तक प्राणों में रह रही थी
वह एक टेर थी शुभकामना-भरी
धरती को एक अपना ही अन्तरिक्ष देती
पूरे दृश्य को ध्वनि-धागों से बाँध रखा था उस टेर ने
जिसकी रचयिता
वे गँवार गौनिहारिनें थीं
जो जैसे कि उस नगर को असीसने आई थीं
शस्य और संतति और शान्ति को विकासने
वैद्यनाथ के दुआरे धर्मालु मत्था टेकने-भर नहीं
अपनी उत्कर्ण चुप्पी से वैद्यनाथ
उस टेर से ही संवाद-मग्न थे
गोल बाँध कर बैठीं, मद्धिम-मद्धिम गाती हुईं वे स्त्रियाँ
धरती का धड़कता हुआ हृदय थीं उस वक्त
और धरती अखिल ब्रह्मांड का हृदय थी

*(मनु को बनाती मनई में संकलित)*

## पटना का गोलघर

इस शहर का यह घिसा हुआ अजूबा
कब तक लोगों को ठगता रहेगा

इसके वृकोदर पर
कब तक सँभल-सँभल कर चढ़ते रहेंगे
शहर आने वाले धूलि-धूसरित पाँव
जिनके असमय रुक्ष तलवों में अभी तक शेष है ललाई
ऐसे भोले बच्चे
इसकी रपटीली सीढ़ियों पर रुक कर
कब तक शहर को हाथ हिलाते रहेंगे
उस तरह नहीं कि जिस तरह आती-जाती ट्रेन को वे हाथ हिलाते हैं
बल्कि इस तरह कि देखो इस बार यह हम चले
हाथी के रंग वाले गोलघर पर सवार

इसकी एक सौ बयालीस सीढ़ियों के अंत में
बस बित्ता-भर जमीन है हर बार
अँगूठा दिखाती हुई
बमुश्किल दो पल पाँव टिकाने की जगह
चकित हो कर निहारने की जगह
जहाँ हाँफती हुई थकान खड़ी अनथक प्रतीक्षा में
दूसरी ओर उतरती सीढ़ियों के पास

गाँव से आया किसान
थपथपाता है इसका विशाल पेट
डरते-डरते
और हिसाब गुनता है कि इसमें
आखिर कितना आता होगा अनाज
इसको भरने में कितने गाँवों के फेफड़े हँफते होंगे
कि बीच में ही घबरा कर
दिखाता है अपने बच्चे को,
देखो, गंगा पार वहाँ उस कोने पर

है अपना गाँव
उस ओर जिधर
जा रहा है स्टीमर का धुआँ

शहर की क्षितिज-रेखा में
दूर से दिखायी देता है गोलघर का शीश
सूर्यास्त की पृष्ठभूमि में
दिखायी देते हैं दो-चार लोग
दूरी में घुल कर हुए एक
एक काला धब्बा
जिसके पास कई जोड़ी आँखें हैं।

*(भिनसार में संकलित)*

## पटना : 18 मार्च, 1974

यह कविता नहीं पत्थर है       वही
काला पत्थर जिस पर जमी हुई
खून की लकीरें मेरी मुट्ठी के भीतर
नसों की तरह धड़कती हैं
जब तक मैं घिसटता हुआ पहुँचा था वहाँ
शान्ति-व्यवस्था कायम हो चुकी थी
यानी कुछ लोग भैंसों और भेड़ों की तरह मार दिये गये थे
जंग-खाये मन्दिर की तरह दिखने वाली विधान-सभा के सामने
वे हिंसा पर उतारू भीड़ थे क्योंकि खाँड़ों के नीचे वे
विरोध में गुर्राते थे   बचे-खुचों के पीछे-पीछे उन्हें खदेड़ते और गोलियाँ
दागते

वे भी चले गये थे जिनके स्वामियों के दिये बूटों की छापें
वहाँ रौंदी हुई घास पर छूटी रह गयी थीं

वहीं कुत्ते की तरह हाँफता हुआ बैठा मैं अपना पाजामा फाड़ कर
अपने जख्म पर पट्टी बाँध रहा था कि उसे अचानक
देखा था विधान-सभा की छत पर खड़े उस अदृश्य देव को—वही पुराना
निर्लिंग देव सारी बलियाँ जिसके खुले मुँह के झक्क
उजले दाँतों तक पहुँचती हैं
वही देव वहाँ खड़ा था किसी अतीन्द्रिय आनन्द में अपना मुँह चलाता
उदर की तृप्ति उसके चेहरे पर फैली हुई थी छक कर पिया जा रहा
नया रक्त उसे आयु बढ़ाता महसूस हो रहा था

अपने आनन्द में आज वह प्रकट हो गया था मैं भौचक उसे देखता
रहा था
यही है जो हम जब भी कुछ बनाने को उठते हैं हमें 'अराजक तत्त्व' कह कर
हमारे पीछे शिकारी कुत्ते छोड़ देता है यही है हमारा दया-दुखी देव
जो हमें
शीतलहरी और सूखे के जबड़ों में क्रमशः छोड़ता
हमारे हाल पर करुणा में भींगता रहता है
और हमारी सुरक्षा के लिए हमें
अपने मतपेटी की तरह चौकोर बाड़े में हँकवा कर
हमारे ही किसी अनजाने हित में अपने हजार रक्तपायी मुखों से
हमारी आखिरी बूँद तक चूस लेता है
यही है वह यही है
मेरे सामने सब कुछ साफ हो गया था
मैं साफ देख रहा था किस तरह मेरे ज़ख्म से बहता हुआ खून
उसके चिकने मुँह में गिर रहा था
मैंने अपने अगल-बगल देखा
मुझसे थोड़ी ही दूर पर वह पड़ा था—वह—मेरा दोस्त जो

अब—नहीं था        एक गोली उसके सीने को तोड़ती
निकल गयी थी वह चित पड़ा था        वह मर गया था
लेकिन उसकी खुली आँखें
ज़िन्दा थीं क्योंकि उनमें एक पहचान थी        वे उधर ही
ताक रही थीं जिधर वह देव खड़ा था एकटक मुझे इशारा करती हुईं
मैंने देखा उसकी सलाई की तीलियों जैसी पतली उँगलियों में
एक पत्थर दबा हुआ था
एक काला पत्थर विधान-सभा की ओर तना हुआ

मैंने झुक कर उसकी कसी मुट्‌ठी से
वह पत्थर छुड़ाया
उस काले पत्थर पर पड़ी हुई मेरे दोस्त के खून की लकीरें
मेरी मुट्‌ठी के भीतर बेसब्र नसों की तरह धड़कने लगीं

उस नुकीले पत्थर को दबाये जब मैं मुड़ा
मैंने देखा वह देव गायब है
अपनी घबड़ाहट में अपने महल के अंत:पुर को वह भाग गया
या अपने मंत्रणा-कक्ष को

दूर, गोलियाँ अभी भी चल रही हैं
और मेरी मुट्‌ठी में यह पत्थर है जिसे मैं जानता हूँ कहाँ मारना है
आखिरी बार
मेरी मुट्‌ठी में यह कविता नहीं काला पत्थर है
बिल्कुल ठीक जगह फेंके जाने को तना
इस पर उगी हुई खून की लकीरें बेचैन नसों की तरह धड़कती हैं।

*(भिनसार में संकलित)*

## जे पी की प्रतिमा

(अगस्त, 1986)

बने तो
जे पी की प्रतिमा
चौहत्तर की क्रान्तिकारी मुद्रा में बने
सिर पर मुरेठा बाँधे
हाथ में लाठी लिये मशाल सरीखी

देखता हूँ
जे पी की एक गिलहरी
सेतुबंध के राम की सहलाने-सराहने वाली अंगुलियों की
धारियाँ ढोती
नभस्पर्शी स्कंध पर धूप में
एक नन्हा गोल बड़ का पकुआ कुतरती
प्यार से अधिकार से

अपन राम को अच्छी लगती हैं एक सदाशय उत्साह से भरी गिलहरियाँ
चाहे वे किसी राम की क्यों न हों
पर जब गरुड़ की जरूरत हो
सर्पभोजी गरुड़ की
गिलहरियों से कब तक काम चल सकता है हमारा
पुतलों का चाहे चल सकता हो
कानों के पास जाकर बतियाने वाली वाचाल गिलहरियों से।

*(भिनसार में संकलित)*

## बिड़ला के नाम पर एक तारामंडल है

बिड़ला के नाम पर एक तारामंडल है
कलकत्ते में

गाँव से अपनी नई आँखों के साथ शहर आने वाले आदमी
अपनी महकती नई देह लिये
मेला लगाते हैं जहाँ
ठट्ठ के ठट्ठ
अपना दिशा-ज्ञान भूलने के अचरज से प्रसन्न
एक-दूसरे को देखते हैं
कि जैसे यह दिग्भ्रमित होना हो उतना ही निर्द्वंद्व
जितना बचपन की घुमरी का चक्कर
दिशाएँ गुँथतीं पूरब से पच्छिम उत्तर से दक्खिन
कि जैसे यह दिग्भ्रमित होना हो उतना ही निर्दोष
जितना देह में आकाश के झूम उठने का स्वाद
रक्त में सोयी अब तक जिसकी रथ-लीकें

बिड़ला के नाम पर एक तारामंडल है
कलकत्ते में
जिसके गोल गलियारे में टकराते हैं भद्र नागरिक
किसी नये ग्रह की भूमि के जादू से बँधे पाँवों से
जिसके गोल गलियारे से गुजरते हैं
'हम तुम पर दया करते हैं' की दूरी और कोण पर झुके हुए भद्र नागरिक
जिनकी आस्तीन का अन्तिम सिरा छूता है घड़ी को हरदम
होने को निर्भय
और फुसफुसाता है उनके कानों के पास
जल्दी, जल्दी, जल्दी...

*(संशयात्मा में संकलित)*

## कलकत्ता की एक ट्राम में एक मधुबनी पेंटिंग

अपनी कटोरियों के रंग उँड़ेलते
शहर आए हैं ये गाँव के फूल

धीर पदों से शहर आई है
सुदूर मिथिला की सिया सुकुमारी
हाथ वाटिका में सखियों संग गूँथा
वरमाल

जानकी!
पहचान गया तुम्हें मैं
यहाँ इस दस बजे की भभकभीड़ में
अपनी बाँहें अपनी जेबें सँभालता
पहचान गया तुम्हें मैं कि जैसे मेरे गाँव की बिटिया
आँगन से निकल
पार कर नदी-नगर
आई इस महानगर में
रोजी-रोटी के महासमर में

*(संशयात्मा में संकलित)*

## ट्राम में एक याद

चेतना पारीक, कैसी हो?
पहले जैसी हो?
कुछ-कुछ खुश
कुछ-कुछ उदास
कभी देखती तारे
कभी देखती घास
चेतना पारीक, कैसी दिखती हो?
अब भी कविता लिखती हो?

तुम्हें मेरी याद न होगी
लेकिन मुझे तुम नहीं भूली हो

चलती ट्राम में फिर आँखों के आगे झूली हो
तुम्हारी कद-काठी की एक
नन्ही-सी, नेक
सामने आ खड़ी है
तुम्हारी याद उमड़ी है

चेतना पारीक, कैसी हो?
पहले जैसी हो?
आँखों में उतरती है किताब की आग?
नाटक में अब भी लेती हो भाग?
छूटे नहीं हैं लाइब्रेरी के चक्कर?
मुझ-से घुमंतू कवि से होती है कभी टक्कर?
अब भी गाती हो गीत, बनाती हो चित्र?
अब भी तुम्हारे हैं बहुत-बहुत मित्र?
अब भी बच्चों को ट्यूशन पढ़ाती हो?
अब भी जिससे करती हो प्रेम उसे दाढ़ी रखाती हो?
चेतना पारीक, अब भी तुम नन्ही गेंद-सी उल्लास से भरी हो?
उतनी ही हरी हो?

उतना ही शोर है इस शहर में वैसा ही ट्रैफिक जाम है
भीड़-भाड़ धक्का-मुक्का ठेल-पेल ताम-झाम है
ट्यूब-रेल बन रही चल रही ट्राम है
विकल है कलकत्ता दौड़ता अनवरत अविराम है

इस महावन में फिर भी एक गौरैये की जगह खाली है
एक छोटी चिड़िया से एक नन्ही पत्ती से सूनी डाली है
महानगर के महाट्टहास में एक हँसी कम है
विराट् धक्-धक् में एक धड़कन कम है कोरस में एक कंठ कम है
तुम्हारे दो तलवे जितनी जगह लेते हैं उतनी जगह खाली है
वहाँ उगी है घास वहाँ चुई है ओस वहाँ किसी ने निगाह तक नहीं डाली है

फिर आया हूँ इस नगर में चश्मा पोंछ-पोंछ देखता हूँ
आदमियों को किताबों को निरखता लेखता हूँ
रंग-बिरंगी बस-ट्राम रंग-बिरंगे लोग
रोग-शोक हँसी-खुशी योग और वियोग
देखता हूँ अबके शहर में भीड़ दूनी है
देखता हूँ तुम्हारे आकार के बराबर जगह सूनी है

चेतना पारीक, कहाँ हो कैसी हो?
बोलो, बोलो, पहले जैसी हो!

*(शब्द लिखने के लिए ही यह कागज बना है में संकलित)*

## बनानी बनर्जी

वह सो गयी है, बनानी बनर्जी!
लम्बी रात के इस ठहरे हुए निशीथ-क्षण में
डूबी हुई है अपने अस्तित्व के सघन अरण्य में एक भटकी हुई
मुस्कान खोजने
कमरे के एक कोने में टेबुल पर रखे उसके बैग में
छोटे गोल आईने कंघी और लिपस्टिक से
लिपट कर सोयी है उसकी हँसी दिन-भर हँस-हँस कर थकी हुई

उसकी सैंडिल अपने टूटे हुए फीते को
चादर की तरह ओढ़ कर
दरवाजे के पास लम्बी पड़ी है

वह अभी कहाँ है क्यों है उसकी माँ नहीं जानती
इसके सिवा कि वह अभी सोयी है कमरे के सबसे अच्छे कोने में
वह अभी कहाँ है कैसी है उसकी चिंतित दादी नहीं जानती
उसके सयाने हो रहे भाई नहीं जानते

उसकी नींद में वे नहीं झाँकते
अपने स्वप्न में सहमे वे देखते हैं उसे अपने स्वप्न में टहलते पशुओं
को खदेड़ते
लेकिन अपने दुःस्वप्न को दुःस्वप्न की तरह झेल जाते हैं वे
उसकी नींद से अपनी नींद को बचा कर सोते हुए
उसके और उनके बीच की हाथ-भर दूरी में
रोटी, रजाई, ठंढ और उमस है

उसकी नींद में सारी लोकल ट्रेनें स्थगित हो गयी हैं
लोहे की पटरियों पर बर्फ गिर रही है
घर के भीतर उल्लास की तरह अँगीठी जल रही है
कुहरे में डूबी लम्बी-खाली बस को ड्राइवर गीत से भर रहा है
शरत बाबू से प्रार्थना करती है एक साँवली लड़की मुझ पर लिखो कहानी
कविता पढ़ती आँखें कहती हैं मुझ में हाँ मुझ में
सजल मेघ और उज्ज्वल रौद्र मिलते हैं
ट्राम में जगह मिल जाती है बैठने की
दो युवक एक साथ खड़े हो जाते हैं
ठीक तभी दस्ताने में ढँका एक हाथ उठता है बटन दबाने को
सफेद दस्ताने में ढँका एक हाथ
वह देखती है उसे चीखती है नहीं-नहीं
आज दाँतों से वह भँभोड़ देगी उस हाथ को
आज अपने मन की करेगी

अपने स्वप्न से दबी उसकी छाती धड़कती है थोड़ी देर
उसकी छत के ऊपर चले आये हैं सप्तर्षि
उसकी लम्बी साँस रात की लय में मिल जाती है
जिन बेटों को वह जन्म देगी वे उसकी नींद में मचलते हैं।

*(शब्द लिखने के लिए ही यह कागज बना है में संकलित)*

## इंतजार
(कलकत्ता/कर्जन पार्क/दिन के चार)

घुटने मोड़ कर बैठी हुई यह लड़की
शाम के इंतजार में है
धुँधलके के इंतजार में

दिन उतर आया है उसके घुटनों तक

घुटने मोड़ कर बैठी हुई यह लड़की
दिन के अपने पैरों तले आ जाने के इंतजार में है
अँधेरे के इंतजार में

तब अपने केशों पर फिरायेगी वह हाथ
और बदल जायेगा उसका भेस
उसके सपाट चेहरे पर जल उठेंगी उसकी आँखें
आ जायेगी उनमें वह चमक जो केवल
बुरी स्त्रियों की आँखों में होती है
लालसा और घृणा से भर देने वाली चमक

आहिस्ता चलती हुई
अपने शिकार की तलाश में निकलेगी इस मैदान में

और एक बार फिर
शिकार की तलाश में घूमते
किसी लोलुप व्याघ्र का शिकार होगी
अपने विलाप को
मुस्कुराहट में बदलती हुई।

*(शब्द लिखने के लिए ही यह कागज बना है में संकलित)*

## चीजों के बहाने

किसी मकड़ी के जाले-सा
टूट कर लटक गया है
झूला-पुल
चीजें बुनती रही हैं जो रस्सियाँ लगातार और
फैलाती-तानती रही हैं
टूट गयी हैं बिना घिसे
रेशे बिथर गये हैं
डगमगाता कभी न गया कोई और न अब जायेगा
उनके अंतरंग तक
उनके कोनों में कुलबुलाती उँगलियाँ ठंडी हैं
लार चुआते छिद्र-मुँह
चुप हैं

पालथी मार चीजें बैठ गयी हैं
पीठ फेर, आखिर क्या फायदा है
इकतरफा संवाद से

नहीं, मैं नहीं घुसना चाहता कमर झुका
बंद होते द्वार में
सख्त होती चमड़ी को उँगलियों से उधेड़ना
नहीं चाहता
सड़क जब नहीं हो रज्जु पुल टूटा हो
काली नदी को पँवरना और
कोनों को तलहथी से जानना
मुझे नहीं भाता
और ठीक तो है कविता की कमंद मैं गलत जगह
क्यों फँसाऊँ

दूसरों के अँधेरों में, आप ठीक कहते हैं, झाँकना कोई
सभ्याचरण नहीं
पर बन्धु बता दें कुछ देर
यदि बिना मौसम या उपन्यासों की बात किये
हम बैठे रहें दो कुर्सियों की तरह
(अपने अँधेरों में)
तो कोई हर्ज है?

*(आँख हाथ बनते हुए में संकलित)*

## आशीर्वाद

वे तुम्हें शिशु नहीं रहने देंगे

वे तुमसे तुम्हारे दिनों को नोच देंगे
वे उन तितलियों को
छुड़ा कर उड़ा देंगे
जिनकी दुम में तुमने तागा बाँध रखा है
और तुम्हें तुम्हारी निष्करुण क्रियाओं के लिए डाँटेंगे

वे तुम्हारी गंदी कमीजों को
खुलवा देंगे
और झक-झक धुली माँड-सी महकती वर्दियाँ
पहनने को देंगे

वे तुम्हारे बुजुर्ग हैं
वे तुम्हें बड़े होने का आशीर्वाद दे रहे हैं
उनके रथों के घोड़े थक गये हैं
(और उन्हें अभी और दूर जाना है)।

*(शब्द लिखने के लिए ही यह कागज बना है में संकलित)*

# खजुराहो : तीन कविताएँ

## अनन्य प्रतिमा-अरण्य में भटकते

खजुराहो के अनन्य प्रतिमा-अरण्य में भटकते
हम विस्मय-विमुग्ध निहारते
देहाकार
कि देहागार में समा न पाता हुआ दिव्य
देह-राग में सुनते आत्मा का आलोड़न
रुक कर
पढ़ते हैं सूचना-पट
कि राजा ठंग का बनवाया है यह मन्दिर
और यह मन्दिर शिलित-शिल्पित कीर्ति-लेख महाराज यशोवर्मन का
कि तभी बींध जाती है एक तिरछी चितवन
ठिठक, एक पाँव उठा, ग्रीवा मरोड़, तलवे में चुभा काँटा काढ़ती
भित्ति में उकेरी कामिनी की
कि तभी मथ जाता है हाथ-माथ पर भार उठाये
अधर में भी उदर तक से आधार दिये
कीचक का मृदुल मूक अट्टहास
कि तभी पद्मव्यजन लक्ष्मी के कमल के हथपंखे से सुवासित
एक झोंका आता है हवा का
कि तभी दर्पण-हस्ता पार्वती का मुख-बिम्ब मनोहर
मन के आईने में अँक जाता है हमेशा के लिए
कि तभी युगभुजपाश से निकल कर एक मांसलता
हमारे मर्म पर मढ़ जाती है कोमल
कि तभी एक प्रणय-मुद्रा से फूटकर प्राणोर्जा
किरणों-सी घुलती है रुधिर में
और हमें
छूते हैं शिल्पी हाथ

समय के पार से
गठायी उँगलियों वाले होकर भी कोमलतम छुवन वाले
इन देहों के शिल्पी हाथ
जो आज न होकर भी
हमारी आत्मा के शिल्पी हुए जा रहे हैं

एक मुकुट की ओट में
छुप गये हैं उनके नाम
इससे क्या?

उत्कीर्णित वक्षों की सुघड़ गोलाइयों में
उन्हीं के अंगुलिचिह्न धड़कते हैं
अँकते हमारे उन्मीलित वक्ष पर भी
टँकते उनकी टाँकी के टंकन।

## खजुराहो के मन्दिरों से लौटती उस सड़क पर

खजुराहो की
मन्दिरों से लौटती उस सड़क पर
बीच चौराहे
मिला वह सुघड़ साँवला शिल्पी
बायें हाथ में थामे छेनी, सन्नद्ध—उठे दायें हाथ का हथौड़ाघात सहने को
छेनी की कलम-निब पत्थर पर कविता लिखने वाली
शिला को शिल्प में बदलने वाली—
वह एक सुघड़ साँवला शिल्पी बलवान कलावन्त भुजाओं वाला
पाषाण को प्रतिमा करता कार्यलीन, तनिक झुकाये माथा
एक ऊँचे आलोकित चौतरे पर
एक मूर्तिशिल्प स्वयं, कसौटी के काले पत्थर का
कला-कसौटी पर खरा

समर्पित
खजुराहो के उन अज्ञातनाम शिल्पियों को
जिन्होंने केन के बलुहा पत्थरों को
अनंत यौवन से उमगते रोम-रंध्रों वाली देह-यष्टियों में बदल दिया है
—उन अद्‌भुत चितेरों को
एक परवर्ती प्रणति!
किसने बनायी
यह बोलती-सी मूरत!
कोई रामकिंकर कि रामसुतार
कि कोई और कलाकार?

जवाब देता है
हाथ में एक पुलठी लिये
वहीं दरबानी करता एक छोकरा:
मूरत किसने बनायी, सो तो नहीं मालूम साब
पर इसे चन्देला होटल वालों ने बनवाया है
देखिये, यहाँ लगा है बोर्ड
'चन्देला होटल के सौजन्य से'
फाइव स्टार होटल है साब
उसका मनीजर मुझको पगार देता है कड़क नोट में
मेरा काम—किसी को इस चौतरे पर न चढ़ने देना फोटो खिंचाने
घास-गलीचा कुचलने
साज-सँभार करना, झाड़-पोंछ, बोर्ड चमकाना
फोटो खींचना है तो साब, दूर से कि बोर्ड भी आये
टैम हो गया साब, फूटो यहाँ से
मालिक या मनीजर ने बतकहियाते देख लिया तो होगी
छुट्टी हमेशा की
चलो भइया, राह लगो
बेर हुई, पैर बढ़ाओ

और चलने से पहले हम देखते हैं
खजुराहो के अज्ञातनाम शिल्पियों को समर्पित
उस चौराहे के द्वीप-स्थित
शिल्प के सामने खड़े
यह दृश्य :
अब नहीं है ऐश्वर्यवान, चन्देल राजा
पर अब है एक चन्देला होटल वैभवशाली, विक्रयपटु, क्रयशक्तिसम्पन्न
और हथौड़ाधर सिरजनहार
अब भी है अज्ञातनाम।

**खजुराहो की मन्दिर-सीढ़ियों पर**

चहुँदिश प्रस्फुटित प्रतिमा-पुष्पों वाला एक महावृक्ष
खजुराहो का वह मन्दिर
मन को अभूल
जिसकी सीढ़ियों पर
उतरती मिली वह
विदेशिनी बाला

कि मन्दिर-भित्ति पर उत्कीर्णित
वह वंकिमग्रीवा अप्सरा
जिसके तलवों की ललाई में घुली
हलकी-सी नभनीलाई
झुक कर निकालती हुई
तलवे में चुभा काँटा
धरती का पहला स्पर्श
उस तलवे को छूते
खुशी से कंटकित-गात हो गयी धरती का

कि काँटा कढ़ गया हो
और चल पड़ी हो वह चिरयौवना

नश्वरों के आँगन में
कदम-ब-कदम उतरती हुई
मानो भारतीय मनीषा का एक सौन्दर्य-स्वप्न चित्रलिखित
जी उठा हो
उस विदेशिनी तरुणी में
क्षणांश को सौन्दर्य-स्तब्ध कर देने वाला उसे भी
जो न भी हो सौन्दर्योपासक

कभी इस स्मृति के जगते
औचक लगता है
कि सौन्दर्य का अपना एक महादेश
अपना एक देश
होता है जरूर
पर उसकी अपनी पृथ्वी भी होती है
पूरी पृथ्वी का अपना होता है सौन्दर्य, पृथ्वी के किसी कोने उगा हो वह।

*(कवि ने कहा में संकलित)*

## हरिप्रसाद चौरसिया का बाँसुरी-वादन सुनते हुए

हमारी आँखें भर आई थीं आनंदाश्रुओं से
जब हमने देखा
हमारे साथ सुन रही थी
हरिप्रसाद चौरसिया का बाँसुरी-वादन
एक अंधे बाबा की सनयन लाठी भी
आँखें मूँदे विभोर

डूबती तरैयाँ
भोर की बिरियाँ
जब फैलने लगी थी उजास

उद्भासित आकाश को उद्घाटित करते हुए उड़ निकले थे पहले पाखी
खाली-खाली हो गयी थीं संकटमोचन-प्रागंण की मुड़ी-मुचड़ी दरियाँ
लौह-अयस्क के हृदय वाले ही बच रहे थे
संगीत-चुंबकित
जीने की थकान उतर रही थी हम सबकी
एक नामालूम पर निविड़ थकान, जिजीविषा को पथराने वाली
वंशी-स्वर के विभात-वायु-झकोरों में वह भैरवी की तान थी, जीवन जगाती

छककर थककर अंधे बाबा
एक करवट में लेट गये थे
मूँद ली थीं अपनी मुँदी हुई आँखें
जगमगा रहे थे भीतर जाने कौन से नयनातीत रंग
अंधता की स्याह थकान उतर रही थी उनकी
जिंदगी की खोह से गुजरती हुई एक टोह
देवदूत के चेहरे में बदल गयी थी
उनके दोनों घुटनों के बीच दबी हुई लाठी
सनयन लाठी
आँखें मूँदकर सुन रही थी विभोर
जानती हुई, आँखें खोलकर जीवन की सड़क को ठकठकाते चलना है उसे
जीवन-भर दो पाँवों के हाथ-भर आगे-आगे
और अबके खुली हुई आँखें
नई आँखें होंगी बिलकुल
उस सनयन लाठी की
जानते हैं हम
हरिप्रसाद चौरसिया का बाँसुरी-वादन सुनते हुए
यह भी कि
प्राणों की पिपासा को प्रेम चाहिए कंठ लगाने को
और आकंठ भरता
मुरली-स्वर।
*(गंगातट में संकलित)*

# सीतामढ़ी
(अक्तूबर, 92)

बेटी की विदाई
से अधिक करुण तो कोई दृश्य नहीं
इस धरा-धाम पर
तमाम धूम-धाम के बीच जो धुआँ आँखों को धोता है
वह केवल गुग्गुल का नहीं
वह केवल धूपदान से नहीं उठता
और जो भर आती हैं आँखें
वे केवल हमारी नहीं
हम जो झूम-झूम आगमनी गाने से फँसे कंठवाले
ढोलों और घंटों-घड़ियालों की ताल पर
आरती का थाल घुमाते हैं
वे आँखें—वे दो बड़ी—कनपटियों तक खिंची आँखें
वे भी तो हैं जिनमें आरती का दीया दुगुना हो उठता है

हाँ, वे आँखें
देवी दुर्गा की हैं वे पसीजती आँखें
सप्तमी के दिन जो रहती हैं सजल
और विजयादशमी तक जिनमें लोर लेने लगता है हिलोर

वे आँखें किसी चन्द्रकान्त मणि से तो नहीं बनीं

बाँस और खर-पुवाल और माटी और पानी
के अलावा तो अशरफ के इर्द-गिर्द कभी कुछ दिखा नहीं
हाँ, बाद में रंग और कूची और कपड़ा और जरी और...
बस यही सब तो
और उसका शागिर्द उसका छुटका बेटा अनवर

प्राण-प्रतिष्ठा का मंत्र पढ़ने वाले पंडित तो यह जानते नहीं, दक्षिणा के लिए
दायाँ हाथ आगे बढ़ाये
अब यह अशरफ ही जाने
उसके अब्बू ने उसे बताया होगा जरूर—
कारीगर क्या जादूगर थे वे अपने जमाने में—
कैसे मिट्टी के पिंड नहीं रह जाते हैं वक्ष
और उनमें दूध उतर आता है
पुवाल की उँगलियों में कहाँ से ज्वार आता है शक्ति का
और कूची से आँकी आँखों में लोर
शायद अनहद नाद से गूँजते उस मौन से
जिसमें डूबता है अशरफ का माथा थोड़ी देर
हर दिन का काम शुरु करने से पहले

किसको सुमिरता है अशरफ
कि उसकी सुमिरन में
एकमेक हो जाती है गुजरी हुई अम्मी की ममतालु तस्वीर
और एक पुलक-भरी नित नवेली छवि
और ब्याही हुई दुलारी बड़की की लरकोरी मूरत

आठो भुजाएँ उठा कर
बरजती रही हमें अष्टभुजा
और हम अरने भैंसे की तरह
हँकड़ते दौड़ते रहे
महिषासुर हममें ही जी उठा था

जुलूस इधर से ही जायेगा
जुलूस इधर से ही जायेगा
हमारे होंठों पर एक ही रट थी
प्रतिमा-विसर्जन का नतशीश जुलूस जाने कब एक चतुरंगिनी
सेना में बदल गया था

भविष्य को जाता हुआ रास्ता अतीत की ओर मुड़ गया था
इतिहास के बंद दुर्ग-दरवाजों पर खड़े थे हम टकराते माथ,
कपाट निकाल, चिन दिये गये थे जो दरवाजे
किसी कीमियागर ने हमारी करुणा को क्रोध में बदल दिया था
शहर की सड़क-शिराओं में उन्माद की तरह दौड़ रहा था हमारा खून
हमारे बैंड बाजे मारू बाजों की तरह बजने लगे थे
मांत्रिकों के अट्टहास भालों के भाल पर बँधी पताकाओं की तरह
फरफराकर
बस एक दिशा की ओर उँगली उठाते थे : उधर-उधर
उधर ही दौड़े जा रहे थे हम
अरने भैंसे की तरह हँकड़ते
महिषासुर हममें ही जी उठा था
अष्टभुजा की आठो भुजाएँ
पोंछ नहीं पा रही थीं अपने आँसू—आठ-आठ आँसू
केवल खपच्चियाँ नहीं थीं उसकी हड्डियाँ जो संताप से तड़क रही थीं
हम केवल पुवाल समझे थे उसके मांस को
हमारे हर चाकू के वार से लहूलुहान उछल कर आता था जो बाहर
ठीक उतना
जितना गिरता था किसी भी देह से उसकी विस्फारित आँखों के सामने
चीत्कार के साथ

जब थमा था हमारा उन्माद
हमने देखा
कहीं नहीं थीं वे उँगलियाँ
जिनका स्पर्श अभी तक हमारे कंधे पर बचा था
कहीं नहीं थीं वे आँखें
जिनके आँसू बुझा नहीं सके हमारे लहू में पसरे पैट्रोल की आग को
वहाँ बस पड़ा था एक बालक-मुंड
अनवर का, हाँ हमने पहचाना, अनवर का

और कटे हुए दो हाथ
अशरफ के अद्वितीय कारीगर हाथ

जिस तरह समा गयी थीं कभी खिन्नमना सीता
विदीर्णहृदया धरती में
और रामायण के एक पन्ने पर
बची रह गयी थी थोड़ी-सी चरण-धूल
कुछ उसी तरह हमारी माटी ने झेली है दारुण पीड़ा फिर से
हमारे शहर की एक सड़क पर
लहू का एक धूमिल-सा निशान-भर है
विजयादशमी की हमारी पराजय-कथा।

*(संशयात्मा में संकलित)*

## नदी और नगर

नदी के किनारे नगर बसते हैं
नगर के बसने के बाद
नगर के किनारे से
नदी बहती है।

*(शब्द लिखने के लिए ही यह कागज बना है में संकलित)*

## नौका-विहार

(शीर्षक—कवि सुमित्रानन्दन पंत से साभार)

बीमार है और तीमारदार के बगैर, इससे क्या
नदी का भी मन करता है—नहाये
करियाये पानी वाली नदी

उजियार रातों में
चाँदनी से नहाती है

उस समय नौका-विहार करते घूमते हैं
नगर के सुरुचि-सम्पन्न लोग
अघायी दिखती सुरुचि से ढँके भोग-भूखी क्रूरता
कि नदी मर रही है और वे बजरे पर बुढ़वामंगल मना रहे हैं
शहर के कुलीन-शालीन, शहर के सहृदय।

*(गंगा-बीती में संकलित)*

## गंगातट, शुरुरात की वेला

गंगातट, शुरुरात की वेला
उस पार
पेड़ों की छायाभासी पट्टी के पीछे
चंद्रोदय के पूर्वाभास-सा फैला
उजाला
एक बस्ती की बत्तियों का समवेत प्रकाश-स्वर
जिसे आँखें सुनती हैं अनायास
जब बँधकर देखती हैं
पारतट के क्षितिज पर
ईशान कोण में
वह तुम्हारा तारा है
यानी मेरा तारा
एक खासा प्रभावान तारा
अभी तक जिसका कोई नाम नहीं रखा गया
मानवीय नाम
तारों की पारस्परिक प्रकाश-तरंग-भाषा में
रह-रह उचरता होगा उसका कोई नाम जरूर

जिसका हमें पता नहीं चलता
बहरहाल, वह तुम्हारा तारा है
उसे उन्होंने छोड़ दिया है तुम्हारे लिए
वे—जिन्होंने तुम्हारे लिए जगमगाता बाजार सजा रखा है
मायावी बाजार, जिसमें
नये जूते की नोक पर जो एक तारा दिपता है
वह ध्रुवतारे से बड़ा है और ज्यादा चमकीला

वे तुम्हारी इच्छाओं और रुचियों के नियंता
तुम्हारे भीतर जरूरतें-ही-जरूरतें जगाते

उस तारे को उन्होंने
फालतू जान छोड़ दिया है
फालतू और गैरजरूरी
वह ब्लैकहोल में बदल जाए, उनकी बला से

पर सच यह कि उस तारक के वहाँ न होने से
बिगड़ सकता है मंदाकिनी का अस्तित्व-संतुलन

वह तुम्हारा तारा है
बाजार की बाँहों की पहुँच से ऊपर, बहुत ऊपर
तुम्हारी दृष्टि के भुजपाश में भर आता हुआ

उसे देखता हूँ मैं
जब तक कि तुम बाजार से घर लौटते हो
उसकी भास्वर कँपकँपाहट में
आकाश खँगालती वेधशालाओं की दूरबीनों की दृष्टि-छुवन की सिहरन

वह उगा है
अपनी विदिशा में

एकटक तुम्हें ताकता हुआ
कि तुम अपनी आँखें उठाओ
उसकी ओर
मोड़ो अपना माथा
बाजारू संदेशों से शिथिल अपना माथा
उसके निर्वाक् मौन के लिए

उस अनाम तारे से भरी आँखें
जब लौटती हैं
गंगातट जहाँ बैठा हूँ वहाँ से दिखता है
इकली पुरानी नाव की अंजलि में
घाटों की बाँक पर दिपती रोशनियों के लिए
भरा है स्नेह
कि जिसमें बिजली-बत्तियों की भी अदृश्य बातियाँ
डूबी हैं

यह दृष्टिभ्रम है बेशक
लेकिन कौन कह सकता है दावे के साथ
कि इसमें
दो आँखों के पीछे के मस्तिष्क की इच्छा ही नहीं
उस नाव के मन की चाहत भी शामिल नहीं है

हम जिन वस्तुओं के निर्माता हैं
उनके भी अंतरंग को
हम भला कितना जानते हैं!

सब कुछ जाने हुए लोग
तुम्हें खींचते हैं दूसरी दिशा में

आनंद के बराबर अफसोस से भरा हुआ
उठता हूँ
कि दिखता है
बहुमंजिली बिल्डिंगों के लिए काट डाले जिन्होंने
पृथ्वी पर के बरगद
उन्होंने
हमारे शीश के ऊपर
छोड़ दी है सप्तर्षि की छाँह।

*(गंगातट में संकलित)*

## उस पार के लिए

सितंबरांत।
शीतारंभ-सा कुछ-कुछ
हवा में
भादों की उमड़ी गंगा से उठ
घुलता हुआ
सिहराता अनजाने

सिहर देखता
देख सिहरता
जलनिद्रामग्न मणिकर्णिका घाट की सीढ़ियों के सिरहाने
पत्थर के अष्टकोण चबूतरे पर चढ़ा हुआ
लकड़ियों का ढेर
मानो कोई गिद्ध विशाल
अपने डैने फैला
सुखा रहा हो उन्हें धूप में

आते दिखा था
चार जनों के कंधों पर
एक महावृक्ष का मध्यभाग
दुर्वह
टलमल होते मणिकर्णिका पर की किसी लकड़ी की टाल के मलिन मजूरे
टलमल गहन क्लेश से भी
मानो उस वृक्ष-शव के निकट संबंधी
उसे उठा रखते सूखे में
ज्वलनशील चैलियों में बदलने के लिए
कुल्हाड़ियों से चीरने से पहले
चीरने घन-प्रहारों से, अड़ा छेनी विदीर्ण काष्ठ-छाती में

कि अचानक
दृष्टि हरियाई
सामने
गंगा के पार-तट पर
वर्षा-हर्षित वृक्षों के हरे से अँजा क्षितिज
दिखा
जीवनदायी
विहगों के गोल दिखे मँडराते
आकाश के अवकाश में मचलते जीवनोच्छ्वास
जांगलिक मांगलिक

लगा, उस पार है हरा
तो अवार का भूरा-कत्थई-नीला भी सह्य
इस पार की धूसर दुनिया भी रह्य
बखुशी

कि अचानक
उस विस्तीर्ण-बाहु हरियाले के अंक की

शुभ्र शुभ सिकता पर
आनंदित लोटती दृष्टि की पीठ में गड़ा कुछ भयानक
कँटीली रेंगनी सर्पिणी कि गठीला नागफनी कोई हजार सुइयाँ चुभोता
अधमुँदी आँखें एक बीभत्स आशंका से होतीं विस्फारित
भीतर उठता डर का भभका
यह खयाल कि कहीं उठ न जाए उस ओर—
कि जैसे उठ ही रहा है हर ओर क्षितिज को रूँधता—
निरल्ले को हल्ले से गूँधता
कोई भव्य भयावह पंचतारा होटल
ऐश्वर्यशालियों की विलास-बुभुक्षा बहुमंजिली एक
काले धन की गोरी बाँहों में बाँध आकाश का सारा ऑक्सीजन
नथुनों के नीचे लाने को उद्यत
जन-शत्रु जीवन-शत्रु
दुर्दम दुष्ट
चंद चतुर जनों की भोगाकांक्षा सर्वशोषक आत्मपोषक
पाँव फैलाकर बैठी हुई सागरतट नदीतट—सड़कतट भी
धरती के रस-कुंड में
रुपयों की रुपहली स्ट्रॉ लगा
चुस्कियाँ लेती हुई सुस्वादु

अपने को
आधा नवपल्लव-सा ताँबई, आधा कर्फ्यू-कसी स्याह रात-सा कलुषित पा
आधा आनंदित आधा आशंकित पा
तभी लगा
अरे! यह मन
'कहीं खूँखार सिनिक संशयवादी न हो जाऊँ' कहता हुआ
मन है मुक्तिबोधीय
ब्रह्मराक्षस का सिरफिरा मुँह
साथ-साथ मंत्रोच्चार, गालियों की बौछार

मन मुक्तिबोधीय
कि जिसकी निद्रा में अचेतन प्रतीक्षा
किसी अनपेक्षित असंभव घटना का भयद संदेह
कहीं कोई रेल-एक्सीडेंट न हो जाए!

झगड़ों से बचते-बचते भी
रगड़ों से घट्ठिल
अपने मन को देखा मैंने
उस साँझ
मणिकर्णिका पर खड़े
उस पार के खुले को खुली आँखों निहारते
दिखा यह भी कि
जो कभी ऐसा हुआ जरूरी तो जरूर
उस पार को बचाने के लिए
इस तन को भी न्योछावर करेगा यह मन बेहिचक
यह मन जो गुनगुनाता ही रहा है सोते-जागते जीवन-मंत्र मुक्तिबोधीय :
कोशिश करो,
कोशिश करो,
जीने की,
जमीन में गड़कर भी।

*(गंगातट में संकलित)*

## मणिकर्णिका का बाशिंदा

साढ़े तीन टाँगों वाला एक कुत्ता
मणिकर्णिका का स्थायी बाशिंदा है
लकड़ी की टालों और चायथानों वालों से हिलगा
यह नहीं कि दुत्कारा नहीं जाता वह

लेकिन हमेशा दूर-दूर रखने वाली दुर-दुर
नहीं भुगतता वह यहाँ
विकलांगता के बावजूद विकल नहीं रहता यहाँ
साढ़े तीन टाँगों वाला वह भूरा कुत्ता
तनिक उदास आँखों से मानुष मन को थाहता-सा
इधर से उधर आता-जाता है
बीच-बीच में यहाँ-वहाँ मिल जाता है
अपनी दयनीयता में
अपने इलाके में होने की अकड़ छुपाये

काठ का भरम देती, कंक्रीट की बनी
दो बेंचों पर
हम बैठे हैं
शवसंगी आज, मणिकर्णिका पर
उधर चिताग्नि ने लहक पा ली है

हाल की बनी हैं
ये बेंचें, नगर निगम ने लगवायीं
'सुविधाओं में इजाफा' जिसे कहा जा रहा है
दिनोदिन कठिन होते जा रहे जिस नगर में
देवों को भी तंगी में काम चलाना पड़ रहा है जहाँ
महादेव के नगर में
एक टूटी-छूटी साँसों वाले के संग
अपनी साँसें जोड़ते यहाँ तक आने वालों के लिए
थकी देह ढीलने लायक जरा-सा इत्मीनान जहाँ
हालाँकि पूरे ध्यान से कान लगाने पर भी
सुनायी नहीं पड़ता तारक मंत्र का एक भी अक्षर
मुक्तिकामी शव के कानों में जिसे
शिव फुसफुसाते हैं

कि तभी, ध्यान बँटाता
एक बार फिर
गुजरता है साढ़े तीन टाँगों वाला
मणिकर्णिका का स्थायी बाशिंदा वह कुत्ता
अपनी फुदक में हवा में झूलती अधकटी टाँग से निरक्षर फुसफुसाता सा:
मुझसे पूछो, जिंदगी की बेअंत जंगमता में मृत्यु अल्पविराम है सिर्फ
उसकी लपलपाती जीभ हाँफती होती है दरअस्ल
महाजीवन के गति-चक्र में सब बँधे हैं—शिव हों कि श्वान।

*(गंगा-बीती में संकलित)*

## मरघट पर चाय

यह मरघट की चाय है
पर मुर्दार चाय नहीं है
बल्कि यह तो जीवंत ज्वलंत चाय है
मुर्दे को भी जिन्दा कर सकने वाली
चषक-भर अगर पी सकता
चुस्कियों में
यहाँ मणिकर्णिका में
सजी हुई चिता पर से उठ, आ, क्लान्त तन म्लान मन
इस मरघटिया चा-दुकां पर वह
कि जिसके चायार्थी
उन पत्थर की बेंचों पर बैठते हैं
शव-संगियों के बैठने के लिए जो बनायी गयी हैं पिछले दिनों ही
यहाँ मणिकर्णिका पर
बल्कि वे शव-संगी ही होते हैं प्राय:
एक शरीर के भस्म होने की प्रतीक्षा से बँधे
वे बैठते हैं अनाकुल
लट्ठों-लकड़ियों-चैलियों की टालों से घिरे

इन पत्थर की बेंचों पर, टिका कर पीठ
कि जिनके पीठ-पीछे
जिंदगी के आश्वासन-सी
सुलगती है एक अँगीठी
लपटों को दीठ-ओट पीठ दिये बैठे के पीठ-पीछे
जिंदगी की लौ जलती है
चुरती है चाय, इत्मीनान से
भगौने से केतली में उड़ेली जाती है
तब उसका ताँबई जिस्म चमकता है
एक दूधिया साँवलेपन से रँगा हुआ
उसकी साँसों से इलायची की गंध उठती है
जब नन्हे कुल्हड़ में भपाती आती है वह
जिजीविषा को सींचने
जीवितों के लिए किसी तारक मंत्र-सी मुस्तैद
और श्मशान-वैराग्य धीरे-धीरे जीवन-राग से रँग जाता है!

*(गंगा-बीती में संकलित)*

## गंगा-आरती-शोभा-वर्णन

विदेशी पर्यटकों के एकटक मूवी कैमरों के लिए
रचा जाता एक दृश्य
एक दृश्य मनोरम
गंगा की सांध्य आरती का
चमाचम पैकेजिंग में बन्द इंडियन कल्चर का एक सुहाना नमूना
तेज रोशनी में नहाते उस शोभाशाली दृश्य के सामने
एक गंगामुखी बारजा है, खुला—
पुरानी होते भी नयायी, दशाश्वमेध घाट पर चिर-परिचित, एक
सीढ़ीदार संरचना—

दरहकीकत, अब चुपाया, एक नौबतखाना वह, अपनी खामोशी पर
ओढ़े शोरगुल का कालीन

अब किसी पंचतारा होटल के उपभोग में
चौतरफा नयी लगी रेलिंग से युक्त
जिसके अग्रभाग में
एक कतार में लगी हैं कुर्सियाँ
दृश्यालु कुर्सियाँ
काले रेक्सीन से मढ़े हुए जिन पर के गद्दे
रोशनी सोखते हुए भी बेसाख्ता चमकते हैं

ये कुर्सियाँ हैं
अपनी बाँहों के बीच गोरे जिस्म को पाने की अभ्यस्त
चिहुँकती हैं साँवले हाथ से
यदि वह उन्हें पोंछने-भर को न बढ़ा हो
साँवले हाथ इन कठबाँहों पर
उल्टी तरफ से ही पड़ते हैं—उठाने-रखने को
और अक्सर वे कैशोर होते हैं और दुबले हड़ियल
जबकि उन कुर्सियों पर अटने वाले जिस्म
प्रायः गुदाज गोरे बूढ़ों के होते हैं
उन कुर्सियों के धनंजय पाये जिन्हें ढोते हैं धन्य

वह दृश्य अब अपने चरम पर है
घंटों-घड़ियालों के निनाद की संगति में
तेज रोशनी के घेरे में
अलग-अलग चौकियों पर खड़े चार-पाँच जने
चारो दिशाओं में घूम-घूम
विलम्बित गति से घुमा रहे हैं एक चँवर
धूप-दीप के साथ ऐसा ही कर चुकने के बाद
यहाँ तक पहुँचते, बल चुकने-सा लगता है
जबकि धर्मालु भूषा में छुपी बलिष्ठता के ही बूते की यह बात

जो यहाँ न ठीहे से लगती
तो किसी प्राइवेट सेक्युरिटी एजेंसी का खटकाती द्वार, भर्ती को

वह दृश्य
बनारस के सुशोभन घाटों की इन्तिहाई बदहाली पर टाँग दिया गया
एक रंगीन पर्दा भी है
उदरम्भरि शासकों को पा और नागरिकों की बेरुखी से बुझते—
मणिकर्णिका पर की अबुझ चिता के बावुजूद बुझते—
बनारस पर—बनारस के अवसान पर
टाँग दिया गया एक रंगीन पर्दा—
वह दृश्य
जिसके केन्द्र में हैं
उस आरती को आंगिक भंगिमाओं से रचते युवजन रौशन
तो परिधि पर हैं, अँधेरे की आहटें आस-पास
अभी-अभी रिटायर्ड हुए बूढ़े एक-दो
बेतहाशा खाली समय जिन्हें खलता है
डोरी खींच कर घंटियाँ टन्नाने की कर-सेवा के उत्साही
बीच राह जिनका हाथ पछताता है, जब पथराता है—दायाँ हाथ
पछताता है कलमधर रहा आया उनका दायाँ हाथ
लेकिन एकाध उन नवबूढ़ों का नहीं
जो स्वेच्छया भर्ती ही हो जाते हैं इस तमाशे में
रुचियों से रहित नवबूढ़े
घंटडोर खींचता जिनका दायाँ हाथ काश! उतनी देर
हथकरघा चलाता कबीर की काशी में

तमस गहराया है, तमाशे बढ़े हैं
गंगा किनारे हम प्यासे खड़े हैं
लेकिन इस दृश्य को मुग्ध होकर देखने का है काइदा
क्योंकि सबको है इसमें फाइदा, जी हाँ!

*(गंगा-बीती में संकलित)*

# चुनाव-बाद का पत्रकारिता-दिवस

30 मई, 2007—पत्रकारिता-दिवस
कि इसी दिन उगा था सन् 1826 में, कलकत्ता में
समाचार-सूर्य वह—उदन्त मार्तंड
हिन्दी का पहला अखबार—श्री युगलकिशोर सुकुल
प्रकाशित-सम्पादित

जिसे याद करते हैं सश्रद्ध
हिन्दी के पत्रकार
मनाते हैं पत्रकारिता-दिवस
पत्रकारिता की मध्याह्न-वेला में याद करते हैं
वह सूर्योदय अपूर्व

अबके भी आयोजन है
काशी पत्रकार संघ का, पराड़कर स्मृति-भवन में
जुटे हैं पत्रकार
लेकिन अबके उत्सव में अनजाने अवसाद घुला है
मानो हर्ष के पलड़े पर विषाद तुला है
एक उदासी की अजगर-लपेट को रह-रह तड़काता-सा
रोष भभकता है
आक्रोश टभकता है

अभी-अभी बीता है चुनाव
उत्तर प्रदेश में
नई सरकार बनी है
कि ऊसर में कुछ बिरवे फूटे हैं
बेशक कुछ मन-बंधन टूटे हैं
विभाजक राजनीति ने संयोजक करवट ली है जैसे कि

दलित-सवर्ण गठजोड़ ने अनोखा गुल खिलाया है
पुराना एक सपना कुलबुलाया है
एक आस जगी है सामाजिक मन में
सामूहिक जीवन में—
यह गठजोड़ सत्ता के गलियारों से आगे
गाँवों के टोलों में, नगरों की गलियों में जायेगा क्या!
एक भारतीय महाकुटुम्ब में जीने का शुभ दिन आखिर
आयेगा क्या!

ऐसे में यह कैसी उमस पत्रकार-मन में है?
दिवस में घुस-घुस आता तमस पवन में है!

हुआ यह है :
अबके अखबारों ने
चुनाव-पर्व में क्या खूब चाँदी काटी
हजारों हाथों से लाखों लाख बटोरे
खूब छापे उम्मीदवारों के समाचारवेशी विज्ञापन
जिसने खर्चा—उसकी चर्चा
रोकड़े के अनुपात में पक्ष में हवा बहती रही
जनता भौचक, पत्रकार स्तब्ध; प्रबंधकों की लहती रही
पत्रकारिता की विश्वसनीयता उधड़ी, उधियायी
सर्वस्व-निछावर के दिनों की सुधि आयी
चुप्पी के आलम में हिन्दी पत्रों ने निर्भीक तराने गाये थे
आजादी के दीवानों ने हँस, कैदखाने अपनाये थे
ठीक कि अब आज अखबार एक उद्योग है
लेकिन क्या यह बस मालिकों का सुखभोग है?
लोकतंत्र का पहरुआ, लोभतंत्र का दुलरुआ होगा
तो ऐसा अघट घटेगा जैसा न कभी हुआ होगा

मैंने देखा :
पचास के पेटे में पहुँचे पत्रकार, तपे-तपाये
खासे उद्विग्न हैं
खिन्न हैं

कहा एक ने :
यही हाल रहा तो वह दिन दूर नहीं
जब महल्लों-कॉलनियों की मुश्किलों के
बिजली-पानी-सड़क-सफाई की बदहाली के
नागरिक जिंदगी की दुश्वारी के
समाचार—विज्ञापनों की शक्ल में छपेंगे
क्योंकि जब
विज्ञापन समाचारों का भेस धरेंगे
तो आगे समाचारों को सिर्फ विज्ञापनों के रूप में आने
की इजाजत होगी

बोले एक :
मोटा विज्ञापन देने वाली बहुराष्ट्रीय कंपनियाँ
तय करेंगी
अखबारों के तथ्य-कथ्य—
वह दिन चौखट से भीतर चला आया है
एक की आवाज में तल्खी थी :
वे भले काला धन सफेद कर रहे हों, अखबार निकाल
क्या हमारा खून सफेद हो गया है भीतर ही भीतर
कि हम सफेद हो जाने दें अपने कलम की सियाही
क्या हम बस मातहतों, मुलाजिमों के रूप में जियें
मनमर्जी बर्खास्तगी की नंगी तलवार माथे पर लटका कर
पत्रकार होने का गौरव तो उन्होंने ऐसे ही काफूर कर दिया है
क्या हम पत्रकार होने का धर्म भी खो दें?

अपनी आवाज की दृढ़ता से
बात को प्रस्ताव के पास तक पहुँचाते हुए
बोले एक, जैसे अनेक बोल रहे हों उनकी गंभीर आवाज में :
यह सब हमें प्रेस-काउंसिल के ध्यान में लाना होगा
और निर्वाचन-आयोग के संज्ञान में
अन्य पत्रकार-संघों से बतियाना होगा
देशव्यापी बहस छेड़नी होगी
यह सब करना होगा हमें, हम करेंगे

सभा बर्खास्त हुई
पीड़ा बर्दाश्त हुई
बेचैनी लेकिन बाकी है
एक तड़प—जिसके छपने की
मुमानियत है अखबारों में
लगभग यकसानियत है अखबारों में

सो, यही हो
कविता! तू ही बन
खबरनवीसों की खबररसाँ
कवि!
कवियों का कवि होने की जगह
पत्रकारों का पत्रकार बन कर रह
सह और कह!

*(कविता भविता से संकलित)*

## चन्द्रबली जी के साथ चाय

चाय पीने की तलब से नहीं
चाय पिलाने की तड़प से

भर उठते हैं चन्द्रबली जी
जब कभी उनके यहाँ जाओ
लगता है, अगोरते हुए बैठे थे तुम्हारी ही राह, बातों से भरे
कि बातों के बीच बेचैन होने लगते हैं
रह-रह अनकते हैं
बाहर बरामदे में वह हल्की-सी पदचाप किसकी है भला
कौन वह—अनिल का बिटवा कि बिटिया
अरे! अनिल कहाँ है भाई, कोई बुलाओ तो उसे
अनिल पर ढुलकती जाती है एक पुकार : अनिल! अनिल!

चाय रहने दीजिए चन्द्रबली जी!
—तुम मद्धिम आवाज में कहते हो, संकोच से भरे
पर वे सुनते कहाँ हैं
पहले ही कहाँ सुनते थे वे
कि चाहे वह निदाघ की तपती दोपहर रही हो उचाट
और बौंड़ियाते फिरते औचक तुमने उनके दरवाजे दस्तक दे दी हो
अपना हल्का-फुल्का-सा भोजन भी किया कि न किया हो उनने
या कि अभी-अभी झँपी हों पढ़ने पढ़ने पढ़ने से क्लान्त आँखें उनकी
तुम्हें बिठा, तुम्हारे रोकते-रोकते
दाखिल हो जाते थे वे रसोई में
और लो! हाजिर
पियालों में भपाती खुशरंग चाय
जिसकी खुशबू
पैठती जाती भीतर तक
वहाँ जहाँ अनलिखी कविताएँ कुलबुलाया करतीं तुम्हारे भीतर
अरे! इस चाय पर तो
हमपियाला होना था नेरुदा को
इस चाय पर बहस होनी थी ब्रेख्त से
यह चाय जेल में रुँधते नाजिम का भविष्यदर्शी सपना थी

समोवार पर अहर्निश उबलती रखी यह चाय
मायकोवस्की के योग्य थी!
आलोचक-अनुवादक चन्द्रबली सिंह की चाय!

लेकिन अब
जब से कूल्हे की हड्डी टूटी
वॉकर के सहारे ही चल पाते हैं चन्द्रबली जी, बमुश्किल
अनिल ही है उनके हाथ-पाँव
कॉमरेड अनिल! कर्मठ नवयुवा
कॉमरेड चन्द्रबली सिंह की सेवा में तत्पर
बेटे से बढ़ कर
लेकिन वह भी तो थकता है, पकता है, आखिर!

अभी-अभी चाय पी थी—
कभी सच, कभी-कभी झूठ भी, कहते हो तुम
लेकिन, नहीं
चाय चुरने लगी है चन्द्रबली जी के चित्त में
तुम्हारे आने के पल से ही
अब तो यह
बातों को गीली करती उसकी भाप है
जिसके पार
हवा में काँपते-से दिखते
रणदिवे-रामविलास के संस्मरण हैं
और शमशेर-त्रिलोचन के उन्मीलित अंत:करण!

तुम चुप ताकते हो उन्हें
मन-ही-मन गुनते हुए
कितने के हुए चन्द्रबली जी
योद्धा लेखक! अपूर्व अनुवादक!
आहत सेनापति! महामति!

कभी मनी न कोई स्वर्ण-जयंती हीरक-जयंती
ठीक है! रही लौह-लेखनी हाथ
अझुक माथ
तिलकित होने से इनकार
पुलकित—पा छूँछा प्यार
उन्हें ताकते, हिन्दी का हठ दिखता है
जनपक्षधर जीवट दिखता है
दिखती है अँधेरे से जूझती किंदील!
तभी मन को चुभती है
इक नन्ही-सी कील!
हिन्दी समाज अपने हितुओं से मुँह फेरे क्यों है?
एक उदासीनता उसके जह्न को घेरे क्यों है?

एक उसाँस भर, तुम
खड़े हो जाते हो
और चन्द्रबली जी के हाथ को
चाय के एक पियाले की तरह
गर्मजोशी से और एहतियात से
थामना चाहते हो।

*(गंगा-बीती में संकलित)*

## सबसे साफ : त्रिलोचन

देखा किया भर लोचन
आए थे कवि त्रिलोचन
नेहवश, मिलने को
बरसों बाद जब आना हुआ बनारस उनका;
दिल्ली रही हो कि रहे हों सागर-भोपाल

बस तन-भर के
मन तो उनका बनारस में ही रमता था
जिसके चप्पे-चप्पे पर उनकी पद-छाप

कबकी बीत चुकी थी वह उम्र
जब उम्र लिये चलती है आदमी को
धरती पर उड़ाये चलती है
अब तो थी वह उम्र
जिसे आदमी ढोता है शेष जीवन-भर
दिनोदिन दुर्वह

लेकिन हँसी वैसी ही थी कवि की, बेफिक्र
कि एक अकेला श्वेत कमल खिला हो उद्‌दंड
और बातों में वही सुगन्धि प्रसरणशीला
उत्कर्ण सुनवैये के मन को भी फैलाने वाली

बातों के बीच मैंने कहा :
आपको पता हो कि न हो
बनारस आपका ही दिया है मुझको
आपकी संगत में ही
सँकरी गलियों के गर्भगृह में विराजते आत्मिक खुलेपन का
भेद मिला
आपकी संगत में ही
गंगा की बाँक
अँकवारती ममतामयी बाँह बनी मुझको
मैं तो आवारागर्द कालेजी छोरा था पटनिया
खाता फिरता यहाँ-वहाँ पटकनिया
आता था बाँके नगर से मिलने
जहाँ दूर-दूर से आते हैं लोग
दूर-दूर ही रह जाते हैं

यह तो आप थे कि दोस्ती करायी
और कित्ती गाढ़ी!

सुन, ठठा कर हँसे कवि त्रिलोचन
हँसते-हँसते आँखों में आँसू आ गये

मेरा छोटा-सा घर
भर गया निनाद से

मैंने देखा
हरसिंगार से अब भी झरते थे फूल
और उजले फूलों के उर में
अब भी बचा था वासंती रंग
ताप-ताये दिनों को सिरा कर
धरती से उठने वाली गंध
अब भी दिगंत तक विहर रही थी
अरघान से जनपद सिहर रहा था
कहनी-अनकहनी सुन कर सुना कर
जाते-जाते
जीने की कला का एक और सूत्र
सौंप गये गुरु त्रिलोचन

अलगनी पर हैंगरों में टँगे हुए कुर्तों को देख, कहा :
आप भी—बल्कि प्रायः सभी
साफ पहनते हैं
मालूम? मैं सबसे साफ पहनता हूँ!
हँसते हुए फिर सबसे साफ की गुत्थी खोली उस निरहंकार ने
बताया :
कई-कई दिनों में निकल आते हैं कई कुर्ते
गँदलाते ही हैं आखिर पहनते-पहनते

तब शुरु होता है
उनमें से 'सबसे साफ' चुनने का सिलसिला
हर अगले दिन उनमें से ही जो सबसे साफ
धारण करता
बीन-बीछ कर सबसे साफ
समझ गये न सबसे साफ!
—कह, हँसे ठठा कर कवि त्रिलोचन
अबके उनका साथ दिया मैंने भी

आज जब नहीं त्रिलोचन
सच कहता हूँ
सूरज के नीचे इस धरती पर
सबसे साफ मैंने उनको ही पाया
आज जब नहीं भी त्रिलोचन
ध्वनिग्राहक कवि की अमृत उपस्थिति प्रतिध्वनित होती है मेरे भीतर
जब-तब
और तब
चिर उद्विग्न मन
धीरज से भर जाता है
सकल सृष्टि को अविकल असीस उठता है :
मैं रहूँ न रहूँ, उम्र दराज हो तेरी!

*(गंगा-बीती में संकलित)*

## न नौ में, न सौ में

न नौ में, न सौ में
—यह नयी कहावत
उपजी है—और कहाँ? बनारस की धन्य धरा पर

बताते हैं एक बनारसविद् मित्र, जो शोध-प्रवण ही नहीं
बल्कि शोध-प्रवीण
कि वह जो मशहूर कहावत—न तीन में, न तेरह में
वह ठेठ बनारसी ठहरी
उपजी, यहाँ की दालमंडी के इर्द-गिर्द
कभी, जब
गुलजार थी दालमंडी
घुँघरुओं और तबले की जुगलबन्दी से
आबाद थी गुल और बुलबुल की युगलसन्धि से
दिलदार और कलदार खनकते न थकते थे जहाँ
तभी, एक रईस—अनबीती जवानी वाले
लुटा बैठे अपना लगभग सब कुछ, न्योंछ कर
तिजोरी ही नहीं, तिजारत को भी पोंछ कर
आखिर एक दिन बूढ़े मुनीम ने हिम्मत की
पोढ़ी मति के कढ़े बोल : मालिक चेतो, चेत सको तो
बुद्धि की आँखों की माँड़ी काढ़ो
चित्त से मोह उपाड़ो
तुम जो सरबस सौंपने पर उतारू
दो, पहुँचा आता हूँ तुम्हारी लखटकिया सौगात अपने ही हाथों
और लौट कर बताता हूँ हाल

बूढ़े मुनीम ने
जा सौंपी वह कीमती सौगात बेनाम
और इतना ही कहा : बाई!
यह तुम्हारे तीन अव्वल आशिकों में से एक की तरफ से
बूझो तो कौन?
जो तीन नाम लिये मोहिनी ने
उन में नहीं था मुनीम के सेठ का नाम

लौट, मुनीम ने
बतलाया सेठ को : पुत्तर!
तीन में तो निकले नहीं तुम
अबके देखूँगा क्या आते हो तेरह में

अगली सौगात
तेरह में से किसी की तरफ से थी
बाई ने अनुमाने नाम
अपना सेठ उन में भी नहीं था

कहते हैं, तभी से चली कहावत—
न तीन में, न तेरह में

अब जो
उसी जमीन पर बनारसी
यह नयी कहावत उपजी है—
न नौ में, न सौ में
वह तो इधर की घटना है
यानी, बढ़ने-बढ़ते जाने के युग में घटना है
किस्सा मुख्तसर यह
कि जब से नवविक्रम ने काशी को (से) जीत
जा सँभाला दिल्ली का राज-पाट
काशी उनका घर-घाट
दिन बहुरने की उम्मीद लगी है
तोड़ लम्बी नींद, जगी है
उम्मीद, क्योंकि, मरती नहीं, सो जाती है
बादल भी घिरें तो हरियर हो जाती है

सो, नवविक्रम ने
चुने अपने नवरत्न

सयत्न
वे स्वच्छताकामी अभियान के अग्रदूत
मीडिया के प्यारे पूत
झाड़ू थामे फोटो खिंचाते शोभन
उनके पीछे उनके अनजाने छुपा हुआ कुछ गोपन
पता नहीं वह क्या है चिन्हाई में नहीं आता
लेकिन बेशक जनता के भोलेपन से उसका नाता
यह तो अभियानों का अ है, ह तक में क्या-क्या होगा
कि आखिर केवल छले जाने का वही दुख नया होगा

खैर, जब पिछली बार आये महाराज
अनत के एक राजा को बगलगीर किये
खूब धूम रही
पहले से ही थी एक सर्चलाइट घूम रही
उपद्रवियों को ही धर दबोचने वाली नहीं
बल्कि खोज निकालने वाली
सौ सुसभ्य बुद्धिजीवियों को
कि जिन से
वैभवशाली होटल के प्रांगण में
इकतरफा संवाद करें महाराज
आगंतुक राजा के आगे
पेश किया जा सके मुष्टि-ग्राह्य पात्र में
नगर का बौद्धिक नवनीत!

दरअस्ल, वह एक आवारा कवि के गीत का मुखड़ा था :
न नौ में, न सौ में
मैं तो अपनी रौ में...।

*(गंगा-बीती में संकलित)*

## हिंसा के विरुद्ध

चीजें अपनी जगह पर जस की तस बनी हुई भी
अपनी भूमिका बदल लेती हैं
कुछ इस तरह कि जैसे इसी उम्मीद में बैठी हों
शायद उन्हें मजा आता है इस में
नया अनुभव उन्हें भी भाता हो बेहद!

यह अनोखा एहसास उपजा कल की शाम
अस्सी घाट के खुले में
जब वहाँ पहुँचे थे हम
लंका पर की महामना-प्रतिमा के विदा किये
जुलूस की शक्ल में
हजार पाँवों से चलते
नारे लिखी दफ्तियाँ-तख्तियाँ उठाये
क्षुब्ध नारे उछालते हवा में
आक्रोश से भरे
आखिर कायर क्रूरता से मार दिये गये थे हमारे लोग
पिछले दिनों में
नरेन्द्र दाभोलकर सरीखे अंधश्रद्धा-विरोधी बुद्धिवादी प्रखर
गोविन्द पानसारे जैस जनप्रिय कॉमरेड
और अब कलबुर्गी—कन्नड़ लेखक सिद्ध, प्रसिद्ध सत्यान्वेषी
अपराध इनका बस यही कि ये जनता के सच्चे हित-चिन्तक
फूटी आँखों न भाने वाले
जनता के जहन पर ताला जड़ने वाली ताकतों को
सो झट खत्म करो इन्हें
बस खत्म करो
नहीं, बहस नहीं
वैचारिक युद्ध में उलझना नहीं शास्त्रार्थ की परम्परा के गुणगानियों को

विचार! एक खतरनाक चीज!
उसे तो उपजने नहीं देना है
उसे प्रचार से दबाओ
और कुल्हाड़े से काट डालो उस पेड़ को जिस में विचार फलते हैं

सामाजिक वायुमंडल में
फासीवादी राजनीति की फासफोरसी गंध है
वह चिरायँध है
किताबों को जलाने से भी उठती है
आदमी को ही नहीं, आदमीयत को जलाने से भी उठती है

हमारे जुलूस में
समाजी बेचैनियों ने मानो इंसानी जिस्म पहन लिये थे

हम वहाँ पहुँचे थे
अस्सी घाट के खुले में
और जनसभा शुरु हो गयी थी

घाट की सीढ़ियों पर बैठे थे अधिकतर लोग
जैसे कि वे स्टेडियम की बिठावनी सीढ़ियाँ हों

सामने की एक छतरीदार पंडा-चौकी ही मंच बन गयी थी

और सब से बड़ा भूमिका-परिवर्तन तो
जरा-सा चिरे हुए मुँह और विशाल चौकोर पेट वाले
उस अहर्निश भूखे दान-पात्र का हुआ था
जो वहाँ संझा-बेला चलने वाले गंगा-आरती-उद्योग का
द्वारपाल है या शायद सूत्रधार!
जो भी हो वह
उस शाम

आदमी के आवक्ष उठा हुआ
वह आदान-अधीर गणना-पटु पेटू दान-पात्र
किसी वक्ता के कभी कुहनी टेकने की जगह था भरोसेमन्द
कभी हथपकड़ माइक ही के वक्तान्तराल में शब्द-श्रान्त कुछ पल
विरमने की जगह

बिलकुल अखीर में तो वह
लिखनिया मेज में बदल गया था
जब उस पर कागज रख कर
अखबारों को भेजी जाने वाली रपटनुमा विज्ञप्ति का मजमून लिखा
गया था

मुझे भी यकीन नहीं आता
लेकिन सब के बाद जब उसके पास से गुजरा था मैं
तो मैंने एक फुसफुसाहट सुनी थी :
फिर आना
फिर-फिर आना...

*(गंगा-बीती में संकलित)*

## मालवाहक जलपोत उतरे हैं

मालवाहक जलपोत उतरे हैं
बनारस की गंगा के पानी में
गंगा की छाती पर, लंगर डाले, ठहरे हैं
कब से, दिन गिनते, शुभ मुहूर्त का
कि वे लद कर चलेंगे
मालवाहक जलपोत, मालदारों की ओर
हल्दिया का बन्दरगाह तब उन्हें खींच रहा होगा अपनी ओर
गंगा के जलपथ पर शुरु होगा तिजारती यातायात
सुगम होगा माल यहाँ से वहाँ, वहाँ से यहाँ, ढोना-पहुँचाना

सड़कें हैं कि ट्रैफिक से जाम हुई रहती हैं दिन हो कि रात
दिन में कारें, रात को ट्रकें, अड़सी ही रहती हैं सड़कों पर
पूँजी की पेशानी पर बल पड़े ही रहते हैं हरदम

सो, यह नयी योजना है परिवहन-मंत्रालय की
अभी क्या! अभी तो क्रूज भी चलेंगे
जल-विहार करते घूमेंगे लक्ष्मी के लाड़ले
कोलकाता से इलाहाबाद तक, इसी पानी के रस्ते
बिताएँगे क्वालिटी टाइम
क्वालिटी टाइम! असम्भव है इसका हिन्दी अनुवाद
क्योंकि भाई साहब! आपके फटीचर टाइम की क्वालिटी ही क्या है,
आप खुद सोचिए

सो, मालवाहक जलपोत लंगर दिये ठहरे हैं, खिड़किया घाट
के करीब, गंगा की छाती पर
अभी जब कि अबके भरे-भरे सावन ने दूर कर दिया है
बन्धनों बँधी, नहरों नँधी, गंगा का चिर दुबलापन
दूर तक लहराता है कूल का केसरिया दुकूल
ऐसे में ही तो ऐसे भारी जलपोत चल सकते हैं
नहीं तो, मणिकर्णिका तो जाने कब से
मालढोऊ लमहर नौकाओं से मँगाती ही रही है लक्कड़-लट्ठे
चिता-भस्म में बदलने के लिए अविराम

दो हैं वे—मालवाहक जलपोत
हैं तो मँझोले ही, लेकिन क्या खूब हैं!
गद्गद कंठ से मीडिया इन दिनों गा रहा है उनकी कीर्ति-कथा
ठीक-ठीक माप कर बता रहा है उनके अन्त:करण का आयतन
जो है वहन-क्षमता का पर्याय
देखिए, इस में उन्नीस लक्जरी कारें समाती हैं आराम से, जी हाँ!

लेकिन इन शीघ्रगामी जलपोतों के रास्ते में
अड़े पड़े हैं कछुए!
वे ही जो हैं सुस्ती के पर्याय पूरी सृष्टि में
क्योंकि नदी का यह हिस्सा
घोषित है कछुआ-शरण्य
अभी हाल ही छोड़े गये थे कछुए गंगजल में
मीडियामुखी धूम-धाम के साथ
नदी की प्रदूषण-मुक्ति के नव अभियान का आगाज करते
वैधानिक अड़चन है
निभानी होगी औपचारिकता
विशेष मंजूरी दरकार होगी
जो मिल ही जाएगी
खाली-खाली कुर्सियों वाले विशाल पंडाल में
आयोजनीय भव्य समारोह से पहले
कि जिस में
इन जलपोतों को रवानगी की हरी झंडी दिखाने
खुद उपस्थित होंगे जल-थल-परिवहन-मंत्री
अपने काम में होशयार, कि जो
खुद को पूँजीपति या अरबपति नहीं, सामाजिक उद्यमी कहते हैं
सगर्व

यह तो है ही कि संसद की मार्फत
लोकतंत्र पर बड़ी पूँजी का कब्जा है अब
लोकतंत्र बना है लाभ-लोभ-तंत्र कुछ का
सांसदों में अधिसंख्य करोड़पति या कि अरबपति हैं सीधे-सीधे
पूँजीधर अब नेपथ्य में नहीं, मंच पर हैं
नीति-रीति के निर्धारक
निर्णायक भारतीय समय के वर्तमान-भविष्य के
ऐसे में गुजर कहाँ गरीब की

आम आदमी की अहमीयत ही क्या
इस समय
सन्देह सब से बड़ा नैतिक अपराध, सवाल—दंडनीय नियमभंग
आन्दोलन—राजद्रोह, जिसकी सजा कुछ भी हो सकती है
सीधी-सी बात : गति-प्रगति के रास्ते में कछुओं को
आड़े नहीं आने दिया जायेगा
तोड़ दिया जायेगा कठिन पीठ का कवच
पूरी नृशंसता से, जरूरी हुआ तो,
—समझ रखिए
सँभल रहिए

सो, नियत तिथि को, शुभ मुहूर्त में
इठलाते चल पड़ेंगे ये मालवाहक जलपोत
अपने आयतन के बराबर जल के विस्थापन से
वजन को सहज सँभाले
तब इनके रास्ते में होगा
मोकामा से कहलगाँव के बीच गंगा का वह जल-क्षेत्र
जो गांगेय डॉलफिनों का शरण्य घोषित है
डॉलफिन, जो समुद्रों के रहनवारे होते भी
गंगावासी सब से बड़े जलजीव स्तनपायी
जिनकी विशाल, मांसल, चिक्कन देह-यष्टि
सृष्टि में दैहिक सौन्दर्य का अभिराम एक प्रतिमान
यह उनका प्रजनन-काल
कि आने वाले दिनों में
डॉल़फिन शिशु
जल से लगे आकाश में आँकेंगे
गोलाकार डुबकी-सी लगाती उछाल, उछाह में जब-तब—
वह एक अनूठा दृश्य अविस्मरणीय—यदि देखने को मिले—
कि तभी

सर्वग्रासी पूँजी का इठलाता अहंकार
मालवाहक पोतों और विलासी क्रूजों की ठोकरों से
डॉलफिन नवजातों को
बनाएगा अपना क्रीड़ा-कन्दुक, अपनी मस्ती में चूर
जैसे कहता : दूर हटो
जल-थल में कहीं भी
शरण्यों और अभयारण्यों को बर्दाश्त नहीं किया जायेगा
बाघों और शेरों और किसानों और आदिवासियों को
करनी होगी यह धरती खाली अदेर।

*(गंगा-बीती में संकलित)*

## बिटिया का नाम

तुम्हें किस नाम से बुलाऊँ
नन्ही बिटिया
पृथ्वी की कोमलतम कोंपल! तुम्हें किस नाम से पुकारूँ?

है कोई शब्द
जिस पर न लगी हो इस दुनिया की धूल-गर्द
पसीने लहू के दाग
है कोई शब्द जिसके खोखल में
छुपकर बैठी न हो लज्जा
छुपकर बैठा न हो पश्चात्ताप

मैं कवि
भाषा की शब्दों झुकी शाख
घरती के निकटतम
देता ही आया हूँ अनदेखों परित्यक्तों भावों घावों को नाम

मैं कवि, नन्ही बिटिया
जिसके सारे शब्द निन्दित और रक्ताक्त

मेरी गोदी में तू!
अपनी भोली माँ और भावुक पिता के प्राणों का सारांश
सरसों के दाने-सा नन्हा और नीरव तेरा मुँह
कली की तरह कसी तेरी मुट्ठी
नींद-सा नरम तेरा माथ
कि जिससे उठती है अलिखित कविता की कस्तूरी-गन्ध

ओ नन्ही बिटिया!
घुटनों के बल झुके हुए कवि के भीतर
एक शब्द बनकर उतरो तुम
कि जिस तरह उतरी हो माँ के स्तनों में दूध बनकर
पिता के वक्ष में बनकर सृष्टि की रक्षा का संकल्प
उसी तरह उतरो तुम
शीर्ण शब्दों से भरे हुए कवि के भीतर एक जीवित शब्द बनकर
उतरो तुम
उसके भूचाल पर रखकर अपना शान्त पगतल।

*(संशयात्मा में संकलित)*

## दीवाली बे-दीया

दीया ले लोऽऽ...दियरी ले लोऽऽ
कॉलोनी की सड़कों के फेरे करती जाती है
                    एक बच्ची आवाज, सुबह-सुबह
पिछले दो-तीन बरसों से
दशहरे के लगभग बाद से ही

सुन पड़ने लगती है वह आवाज
आने वाली दीवाली का पहला दीया
हाथ बढ़ा कर आज अभी—
जलाती-सी वह आवाज
माथे पर नन्ही डलिया उठाए
अपनी माँ के आगे-आगे चलती
उस बच्ची की है
जिसकी माँ के माथे भी, मुँड़ली पर
एक बड़ी-सी डलिया रहती है
उन डलियों में दीये भरे होते हैं, तर-ऊपर
जगमगाने को उमगते
एक कुम्हार की सधी उँगलियों ने तराश कर
उनमें जलने की उम्मीद भरी है
जलने की एक बुझी-बुझी-सी उम्मीद
इन दूखे दिनों में
कि जब बिजली के रंग-बिरंगे कुमकुमों की
झालरें ही चौतरफ शोभती हैं
कौन झंझट मोल ले
तेल, बाती जुटाए
दीयों को जलाए-जिआए
खटकरम अब भाता नहीं—
सुविधाओं के आदी मन को
लेकिन फिर भी सुबह-सुबह
कॉलोनी की सड़कों के फेरे करती जाती है—
वह आवाज
कि जिसमें अभी तक
सूर्योदय की लाली शेष है
और मैं भीतर-भीतर उजलता
खिड़की से उझक कर देखता हूँ

फिर-फिर उन माँ-बेटी को
सुनते ही, दीये के पेट में थोड़ा डूबी
दीपशिखा-सी तनिक काँपती वह आवाज
दीया ले लोऽऽ...दियरी ले लोऽऽ

आज, दीपावली का दिन
और सुबह-सुबह ही सुन पड़ी है
दूर से पास आती
वह पुकारती आवाज
दीया...ले लो...दियरी...
ओह! उखड़ी-उखड़ी-सी वह आवाज, थकी-हारी-सी
उपवासों की मारी-सी/कि जैसे देह के दीये के पेट में तेल न हो
और साँसों की बाती भुकभुका रही हो
आख़िरकार!

*(मनु को बनाती मनई में संकलित)*

## पारपुल की रहगुजर

(चौदह खंड)

### रेलवे का पारपुल

रेलवे का ऊँचा-सा पारपुल
ट्रेनों की आमद के समय
जो भरा रहता आते-जाते लोगों से
ट्रेन-रिक्त समय में
कुलियों के सुस्ताने की जगह
डाँड़ सीधी करने की
पुल की लम्बाई के हाशिये में लम्बायमान
जो पचास के ऊपर के कुली

धोती के ऊपर डाटे वर्दी वाले, शक्ल से ही दिखते गँवई किसान—
सामान उठाने-ढोने से घठायी बायीं तलहथी का सम्पुट
खैनी-चूने से उजराया, दिखता खुला, जब
दायीं बाँह मुड़ कर होती शीशतल

सिरहाने
चार-पाँच मधबयसी बैठें
गोल बना, पीते बीड़ी, बतियाते

रेलवे का वह ऊँचा-सा पारपुल
जिसकी छाती पर अदृश्य अक्षरों में लिखा : चरैवेति चरैवेति
कुछ उन लोगों के भी रहने-सोने की जगह
जाने कहाँ-कहाँ से उधियाये आए
शहर ने माना नहीं हाशिये पर भी जगह देने लायक जिन्हें
जीवन-समर में पराजित निर्वासित अनेक—नेक—पारपुल के शरणागत
चाहें तो मानें इन्हें बड़भागी—हवाखोरी के लिए जाना नहीं पड़ता होगा
इन्हें कहीं और
अरे! करीब-करीब हवाखोरी करके ही रहते हैं ये कई-कई दिन लगातार

हवाखोरी के इनके मा'नी
बिल्कुल अलग होंगे और अस्ली
इस पारपुल पर बासी अखबारों के बिछौने पर
निश्चिन्त खर्राटों की शक्ल में हवा में घुलते हुए

रेलवे का ऊँचा-सा पारपुल
जो निशिवासर थर्राता हुआ भी अपने को अडिग थामे रखता है आर-पार

अपने नीचे से ट्रेनों को
और ऊपर से हवाओं को
गुजर जाने देता हुआ अबाध चारों दिशाओं में

## पारपुल के पिछले सिरे पर

पारपुल के पिछले सिरे पर
जो टेसन को लाइन-पार वरणा-पार के इलाके से जोड़ता है
टेसन-हद से तनिक बाहर को निकला हुआ फैलाव है जहाँ
जिसके कुछ करीब अपना डबडब सँझतारा उगाता है गोधूलि का आकाश;
जिसका वह कोना अगर खाली हुआ उस वक्त तो—
पूर्णिमा के आस-पास के चन्द्रोदय के वक्त
क्षितिज में उसके दो अंगुल चढ़ने की बेला—
चन्दनिहारनमंच बन जाता है निराला;
उसी, रेलवे के पारपुल के तनिक बहिराये सिरे पर
जहाँ खाली कर गये होते हैं जगह, एक कलमिस्तान उगा कर
दोपहरी से वहाँ अँगोछा बिछाये डटे बैठे,
कहीं-कहीं काले रेशों वाली उजली ऐंठी
मूँछें कभी-कभी पजाते,
डॉट-पेन बेचने वाले सज्जन, डटे वर्णमाला के विस्मरण के विरुद्ध;
वहीं—उसी जगह
आ बैठता है कभी-कभी
वजन वजन का नारा बलन्द करता रह-रह
वहीं रेलिंग के समान्तर स्वावलम्बी अपनी साइकिल लगा
कैरियर में दबी, एहतियातन सुतलियों बँधी
जिन्स नहीं, जिस्म तोलने वाली मशीन
अखबार की हिफाजती लपेटन के भीतर से निकाल
पधरा
जीविका का गुरिल्ला-युद्ध लड़ने वाला
बेवक्त वीतयौवन कलमूँछा
वजन जानें वजन—की जिसकी रह-रह पुकारों, अहरह प्रतीक्षा
के बावुजूद जिसकी वजन-मशीन किसी-किसी दिन
तलवों को तरसती

विफलमनोरथ अहल्या ही बनी रह जाती है पथरायी
अहिल्या सूई सीने में लिये घर जाती है मुरझायी, बोझिल
वहीं—उसी जगह
अगर खाली हुई वह जगह
गाहे आ, उसके खालीपन को कि अपने जीवन के खालीपन को भरती
ताश के पत्तों को फेंटती-फेंकती चौकड़ी से—
तब, वहीं, उसी जगह
बैठते हैं एक बाबा
आसनी बिछा
सामने गरिमाशाली गुल्लक एक काँसे की आभा वाला कमंडलु रखे,
सन्तुलित जिस पर आड़े रखा
मूर्धन्य ष के पेटचिरवा-सा एक लोहे का चिमटा
बाबा भी क्या खूब! –अपनी ही तरह के
गठलोह पेड़ सरीखे वे बाबा
सभी सम्भव स्थलों पर गूमड़ों से भरी हुई झँवायी ताँबई कृश काया
भाँति-भाँति के मनकों वाली मालाओं से मंडलित उनकी ग्रीवा
उदग्र
दूर से आँख बाँधती है
कि आँख से आँख मिलते ही
—क्षण के उस शतांश में
वे हाथ नहीं फैलाते—हाथ उठाते हैं
नमस्कार—बल्कि प्रतिप्रणाम-सी लगती आशिष-मुद्रा में अचूक
अकारथ ही अक्सर;
वहीं—उसी जगह
अगर खाली हुई वह जगह आखिरकार
कभी-कभी आ, चुप खड़ा हो जाता है
स्थितियों में गतियों को चीन्हता
अनमुँद आँखों वाला एक बौड़म कवि थोड़ी देर

## खाली वक्त में

रेलवे के पारपुल पर खड़ा
नीचे, सामने देखता हूँ
खाली पड़ी है एक जोड़ा लोहपटरी
दूर तक दीठ लुढ़कती जाती है, अनायास, पहिये पहने

रेलवे के पारपुल पर झुका खड़ा मैं
इन सूनी रेल-पटरियों पर चलाता हूँ
अपने मन की रेलगाड़ी
एक मनमौजी रेलगाड़ी
कहीं भी वक्त से पहुँचने की जो पाबन्द नहीं
इन रेल-पटरियों के खाली वक्त में
कहीं भी निकल चलने को निकली हुई एक रेलगाड़ी
घुमाने नहीं, घूमने निकली हुई
एक खाली-खाली रेलगाड़ी
इन रेल-पटरियों के खाली वक्त में

## फिर भी

हर जाती हुई ट्रेन मुझे थोड़ा-सा ले जाती है साथ
और इस तरह थोड़ा-थोड़ा करके मैं
दिशाओं में बँट जाता हूँ
फिर भी बच रहता हूँ साबुत
रेलवे के पारपुल पर
रेलवे के पारपुल के साथ

## दुर्भिक्ष-काल

पारपुल पर से देखता हूँ
लाटफारम नम्बर नौ की आखिरी—सूनी रेल-पटरियों के गोधूलि-
रँगे उचाट पर

नतग्रीव टहलता है
एक बूढ़ा धूसर साँड़
बदहाली में भी बरकरार एक प्राचीन गरिमा के साथ
कुछ गन्धशेष खाद्य, अखाद्य बिखरे पड़े हैं इधर-उधर
नहीं रुचते उसे, शिवनगरी का नन्दी है
बस तनिक रुक
पटरी-सम्पुट में सिमटे बरखा-जल को
जीभ से छूता है—जुठारता-भर
पानी में है वही स्वाद पुराना
जी जुड़ाता

चढ़ावा बढ़ रहा देवथान पर
और सूख गयीं, कूड़ेदान बनीं
चुनारी बलुहा पत्थर से बनी आयताकार हौजियाँ—पशु-प्याऊ, नगर-बीच
नगर ने, बीच नगर में—सड़क के डिवाइडर पर
सौम्य खड़े होने लायक जगह छोड़ी उसके लिए
और अशिव के अधीर चौपाया यंत्र-वाहनों से चौतरफ अट गयीं सड़कें
उसके सुधीर बल के गिर्द,
लेकिन अब कस-बल ढीले हैं
माद्दा मुरझाया, ककुद कुम्हलाया
टेसन-परिसर अब उसका अन्तिम अरण्य

पारपुल पर से देखा जाता है
यह दुर्भिक्ष-काल है
चीजों की बहुतायत के जमाने में
जिसकी कोई खबर नहीं संवेदी-सूचकांक से लैस अखबारों में
विनाश-दर की नहीं, विकास-दर की आधिकारिक घोषणा बस चौपहर
गुँजाती कर्ण-कुहर

## लोहडंडियों पर

भारतीय रेलवे टेसनों के लाटफारमों में
औचक घुस आने वाले भिखारियों और मँगतू कुत्तों के प्रतिस्पर्धी हैं अब
छिनैत बन्दर
बेरूख भटकने वाले
इंसानी बेरुखी के बियाबान में
घिरे घमासान में

देखो, अभी गुजर रहे हैं वे
सूनी हो आयी रेल-पटरी की लोहडंडियों पर
आगे-पीछे
कितनी सधी चाल! पूरा परिवार!
उनके पाँव हाथों की तरह कुशल
अभी-अभी गुजरी है दूरगामी कोई ट्रेन
अपने सहस्त्र पहियों को घुमाती
लोहडंडियों पर जिनके घर्षण की धीरे-धीरे मिटती गर्मी
उनके लहू में घुलती है
जीवन-यात्रा में
एक प्रजाति की काल-यात्रा में

## एक बड़ विशाल

एक बड़ विशाल
लिये छाँहदार पत्र-सम्भार
पगतल के गिर्द थाले की जगह
कंक्रीट का गोल चौतरा
लोगों के बैठने-सुस्ताने की जगह
भरी-दोपहर, ढलती शाम
साँस-भर का अवकाश, अँगोछा-भर आराम

शिरोरुह है वह
हवा में लटकती हैं उसकी जड़ें
धरती का गुरुत्वाकर्षण उन्हें खींचता है
बेमन से धीरे-धीरे बढ़ती भूमुँही जड़ें हैं वे
माँ की कवच-मढ़ी छाती की तरफ
 जिसके भीतर ठाठें मारता दूध बेचैन बन्द है
गो अब उसकी पुकार मन्द है
लेकिन जब कभी, बीच-बीच में, जमीन तक न पहुँचने देने के लिए
 काटी जाती हैं वे भूरी-गुलाबी हवाई जड़ें
वह दूध आँसुओं की तरह वहाँ छलछला आता है

## ताड़-कुल का पेड़ एक

ताड़-कुल का पेड़ एक
लेकिन गले में लबनी लटकाने वाला माताल गँवई ताड़ नहीं
एक नागरिक ताड़ :
शोभाशाली तना—सफेदी की झलक लिये—सुतवाँ, छरहरा
आकाश में उठाये हुए अपनी हरी गर्दन
झबरे माथे वाला

क्या हुआ जो उसके छाँह नहीं है
आँखों को मिलती है उसकी छाँह
उसकी कर्कश दिखती पत्तियों के पीछे से
झाँकता है चन्द्रमा
तुम्हारी ओर

## वृक्ष-कबन्ध

वह सैर की गरज से
पिता का दामन पकड़े
पारपुल पर निकल आया बच्चा हरगिज नहीं था

पिता के हाथ में था भारी सामान
और वह खुद भी कतई खाली नहीं था
उसके नन्हे-से कन्धे पर लटक रहा था पानी का थर्मस,
अपना पानी गँवा चुकने पर भी भारी-भारी
तय की गयी यात्रा उनकी चाल में लिखी हुई थी
कि उस बच्चे ने ठिठक कर पिता की नजर खींचते पूछा :
वह क्या है?
फुजूल और बेवक्त सवालों को न सुनने वाले उसके समझदार पिता गये
जल्दबाज डगों—उसे लिये पीछे-पीछे
जिज्ञासा की दीठ पकड़कर एक बार भी तो उसकी ओर नहीं ताका
दुनिया-देखे पिता ने
वह विस्मयबोधक चिह्न की तरह खड़ा था चुपचाप
उसका सुतवाँ शरीर ललौंह सफेदी के कारण चिकने पत्थर का भरम देता था
पारपुल के उस कोने में
इस अनुत्तरित सवाल के साथ खड़ा छूट गया मैं
पाम-कुल के उस प्रलम्ब पेड़ के सामने
अपने पत्र-छत्र को गँवा कर जो
विस्मय-चिह्न सरीखा खड़ा था
दुफक्की सड़कों के बीच
जड़ों से पकड़ी अपनी जमीन पर
वह गाड़ियों के रास्ते में नहीं आता था
बल्कि गाहे-बगाहे गाड़ियों को रास्ता दिखाता था

ओ मेरे बच्चे! तुम्हें बताऊँ मैं
कोई गुजरे जमाने की बात नहीं है
कि नहीं था इसका जमाना इतना गया-गुजरा
कि चिन्हाई में भी नहीं आए
यह पेड़ था हरा-भरा
देसी ताड़ों का ही शहराती सम्बन्धी

लेकिन निष्फल—नीरस, पत्रल, शोभन
कटावदार थीं उसकी पत्तियाँ, हवा को भी हजार नोकों से काटती थीं
और हवा दौड़ आती थी
दौड़ी-दौड़ी आती थी जब खेलने का मन होता था उसका
घोंसला तो नहीं बना सकती थीं वहाँ, पर उस पर—
उसकी लचीली दृढ़ता पर
बैठने आती थीं चिड़ियाएँ
जब फुर्सत में जाड़े की धूप खाने का मन होता था उनका, डोलते-डोलते
हाँ, कोई छाँह नहीं थी उस पेड़ के पास
पर दीठ
उसके सुतवाँ सुडौल तने से पीठ टिका कर
बैठती थी देर तक
उसकी पत्तियों की झँझरी के पीछे से चाँद झाँकता था
देर-देर तक खड़े रह जाते थे हम पारपुल पर
उस उन्नतमाथ पेड़ के मुकाबिल
उस उन्नतमाथ पेड़ से मुखातिब

बिजली के केबुल और टेलीफोन के तार
हवा में खिंचे हुए
दोस्ताना तरीके से उसके करीब से गुजरते थे
शायद उन्हीं से कहा-सुनी हुई उसकी
या फिर उन्हें शुब्हा हुआ
कि उनकी सरगोशियाँ सुन ली गयीं चुपचाप
उनकी कारसाजियाँ चीन्ह ली गयीं बेखौफ
आखिर वे आदमी की ईजाद
उन्हीं की चली
उन्होंने शिकायत की आदमी से

उसका ऊँचा सिर
कलम कर दिया गया एक दोपहर

एक लम्बी-सी सीढ़ी लगा कर

देखना यह है
वसंत इसके साथ अबके क्या करता है

जब कभी यहाँ खामोशी पसरी होती है
मैंने सुना है इसे वसंत को उत्कंठ
बुलाते हुए

**सूरत**

सूरत से ही जान पड़ता है
सूरत जा रहे हैं

बेइन्तिहा भीड़ होती है सूरत जाने वाली गाड़ी में
लाटफारम पर लगती ट्रेन रुकने भी न पाती कि अधीर
टूटते हैं लोग, गठरी-मोटरी समेत
साधारण डिब्बों में
बैठने की जगह मिल जाए तो जन्म सफल
मानो सकल सिद्धि-समृद्धि मुट्ठी में

क्यों न हो
काम मिलता है सूरत में
और काम के दाम पूरे

वे कामगार हैं
पूरब के भैया
खटने वाले, फिर भी खटकने वाले

वे कपास को कपड़े में बदलते
वे हीरे को उसकी आभा सौंपते
कभी प्लेग ठेलता है उन्हें सरहद के बाहर

वे चूहों की तरह भागते हैं
कभी मानसिक प्लेग एक भीषण, हमला करता है
दंगा दहकता है, उनको खर-पात बनाता

हर सूरत में उन पर गाज गिरती है
क्योंकि वे खड़े खुले में
—यह सारा हाल उनकी सूरत पर लिखा है
बदहाल जो सूरत जा रहे हैं उसे खूबसूरत बनाने

पारपुल पर खड़े
देखो इन्हें भर-आँख
सूरत में तो इनकी सूरत चीन्हने के लिए झुकना होगा
और सूरत के पाँवों की अँगुलियों को
नजर गड़ा कर देखना होगा

## वे हम्माल हैं

वे हम्माल हैं
सरापा कमाल हैं!
भारी बोझों को
बड़बोरों में कसे माल को
पेटियों के, बंडलों के दुर्वह ढेर
कि जिनकी ओर
कुली कुलीन आँख तक न उठाते परिचय की
लासानी आसानी से पहुँचाते—
लगी ट्रेन के पार्सल वैन तक
माथ लाद, हाथ लगा, अहथिर पाँवों
लाटफारम बदल, पारपुल लाँघ
उतरती सीढ़ियों पर तो वे अक्सर
बल में घोलते बुद्धि
और बोझे को

लुढ़का देते
सीढ़ियों के दहाने से
हहरता हुआ
अपने ही वज़न के भारी आवेग में
उतरता है वह, वे पीछे से
गो, उसके पहले
सीढ़ियों पर
उनकी चेताती आवाज हहरती हुई
धोती है
बोझे का खुददार रास्ता

**कभी : अभी**

पारपुल पर खड़े, लगता है
कभी किसी दूरगामी ट्रेन की प्रदीर्घ सीटी बजेगी
और खुल पड़ूँगा मैं
अभी तो न जाने किस जड़ता से बँधा खड़ा हुआ

**सामने, समय**

अचानक छिन जाती है
पारपुल की मनसाइन रहगुजर
पहरा बिठ जाता है उसके कंठ पर
सिक्योरिटी-चेक चौकस
सामानों की टटोल
दिमाग की खानातलाशी
रेड अलर्ट बदहवास!

समय
सख्त चेहरे और शक्की आँखों वाला
एक आदमी है
तुम्हारे सामने खड़ा

तुम्हारे पपड़ियाये होंठ
तुम्हारे खिलाफ सुबूत बन सकते हैं
यह ऐसा ही समय है!

**इतना जीवट!**

इतना जीवट!
पैरों के दो अधकटे ठूँठ
धूसर-उज्जर दाढ़ी, केश
दोनो हाथों पर कूल्हों के बल सरकते
पार कर रहे पारपुल
एक हाथ में पकड़ी लाठी की पुल की टाइल्स पर खट्-खट्
जो आवारा कुत्तों और शरारती बच्चों को भगाने में आती काम
आते-जाते हड़बड़ाये लोगों को चेताने में भी
कि दीठ की सीध में ही नहीं, तनिक नीचे भी
ताक कर चलो साहब!
एक बार उन्हें कोई देख ले भर-नजर
और इस लम्बे पारपुल को धीरे-धीरे पार करने का उनका अनथक उद्यम
फिर वह दुनिया का पारपुल लाँघने में कभी जल्दी न मचाएगा
आत्म-हत्या तो कदापि न कर पाएगा वह
जिंदगी चाहे जितने जुल्म बरपाये!

*(गंगा-बीती में संकलित)*

## नगर-मुख के करीब

नीम के छरक्के हैं
दतवनों में कटेंगे
भोर के धुँधलौके में

मुँहमाँगे बिकेंगे
टेसन-परिसर में—
नीम के छरक्के
जो बखुशी एक दाव के नीचे देह देंगे
रोपेंगे सौंपेंगे अपनी छरहरी काया ठीहे पर हँसमुख
कि जिनमें से एक को सोंटे में बदल
रिक्शावानों को हड़काता है
कभी सीट पर कभी पीठ पर बजाड़ता है
ट्रैफिक पुलिस का सफेद वर्दीपोश सिपाही
देर रात तक
उसे घर-भर की भोर की दातुन में बदलने से पहले

इनके बगल में
टेसन-नगर की इस व्यस्त पर उचाट सन्धि-रेखा पर
अँधेरा-मिले उजाले में
कसन से खुलने को अकुलाते
महुए के पत्ते हैं
पुरानी मटमैली चादरों में, बड़ी गठरियों में
कसे
महुए के पत्तों के दल हैं, तरु-करतल हैं
आए हैं बाजार में बिकने
झारखंड से उजड़ कर
झारखंड को उजाड़
पहुँचे नगर
महुए के पत्ते
माथ पर उठाने-भर ढेरों में बँधे
चौतरफ कोनों से झाँकते
महुए के हरे हरखते पत्ते
जो इतने-इतने टूट कर भी

नहीं ढँक सकते उन्हें
नहीं पहना सकते पूरे कपड़े
जो उन्हें माथ पर उठाये लाते हैं नगर तक, श्यामल
नगर में निशिदिन मचे उत्सव तक—
प्राय: तो पान के एक रंगीनमिजाज पत्ते का पर्यंक बनने
एक गिलौरी की सेज
टूट आता है महुए का एक हथेली भर पत्ता
रसज्ञ नगर के मुख के इतना करीब तक
पनरस-पगे बतरस तक, कुछ देर ठिठका हुआ
जो भले ही गिर पड़ता हो नाली में, तम्बाकू से मदहोश,
चूने से बिंधा, चकराता
नगर जिसे फेंकता है वापस
पेड़ की ओर
झारखंड को।

*(गंगा-बीती में संकलित)*

## चमगादड़

रात का उड़ता हुआ टुकड़ा
मेरे कमरे में घुस आता है

एक मँडराता हुआ चमगादड़
कि बाहर बहती अगाध रात की भँवर

श्रवणातीत ध्वनियों का एक तंतुजाल!
टेढ़ी-मेढ़ी उड़ानों का एक अबूझ पैटर्न!

अकारण ही मेरे शरीर में रोमांच

तारों को छूती हैं जिसकी फुनगियाँ
रात के उसी वृक्ष से लटके हैं चमगादड़
रात के रेशम से बने हैं उनके पंख
रात के रसातल में डूबी है उनकी पहचान
दिन की दुनिया उनके लिए एक दुःस्वप्न
उनकी काया में रात का रक्त
उनकी साँस में रात की साँस
रात की रहस्य-कथा के वे भटकते हुए अक्षर

रात का उड़ता हुआ टुकड़ा
कमरे के बीचोबीच
अपनी बेचैन परिक्रमाओं के केन्द्र में
गिर पड़ता है
जैसे कि वहीं हो पृथ्वी के चुंबक का ध्रुवांत से सम्मोहित
निस्स्पंद
जैसे कि वहीं हो अमावस्या का अंतस्तल

आह!
क्या करना है असूर्य लोक से चू पड़े
इस चमगादड़ का?
किस अतीत में बुहार कर फेंक देना है इसे
क्या करना है?
कुछ-न-कुछ तो करना ही है
जो भी करना है जल्द
पता नहीं कहाँ चोट पड़ रही है इस निस्स्पंद पड़े चमगादड़ की!

*(शब्द लिखने के लिए ही यह कागज बना है में संकलित)*

## चमगादड़ का बच्चा

आज सुबह देखा मैंने चमगादड़ के बच्चे को
जाने कहाँ से भटक आया था भोर के आकाश में

या एक रात से दूसरी रात के बीच
रास्ते में उसे यह भोर मिल गयी थी
जिसे पार करते हुए उसके शिशु-तन की ताम्राभा
हो गयी थी पारदर्शी

आज सुबह देखा मैंने चमगादड़ के बच्चे को
जिस पर मेरे देखते झपटा अपनी सुबह में मँडराता कौवा
और अहा! देखा मैंने उस चमगादड़ को
खाली देते वह वार
थोड़ा झुक कर झाँसा देते
ऐसा पैंतरा कि मुहम्मद अली की 'डकिंग' फीकी
एक बार नहीं तीन-तीन बार

यह जा-वह जा वह चमगादड़ का बच्चा
खींचता गति की विद्युत्-रेख
शायद पिछली रात में लौटता जो इस सुबह से अब तक सटी
लेकिन अगली रात में शामिल होने के लिए बचा हुआ।

*(शब्द लिखने के लिए ही यह कागज बना है में संकलित)*

## पाँच चिड़ियों ने

पाँच चिड़ियों ने
खाली आकाश को
सूने घाट पर नहाने आई सखियों-सा
अपनी क्रीड़ाओं से भर दिया

फिर आए
राहगीर पक्षियों के
मंथर झुंड

काँपते आकाश को
सुतल करते

*(गंगातट में संकलित)*

## राजाराम

उस दिन, उस राहतीर चा-दुकां पर
चाय का भरा कुल्हड़ उठाने की हड़बड़ी में पड़े
लोगों को देख कहा मैंने :
लोगों में धैर्य की कमी हो गयी है।
तब साथ के राजाराम बोले :
क्या कीजियेगा, यह प्राकृतिक संपदा है
सब को एक बराबर नहीं मिलती
कोई-कोई तो बिल्कुल ही छूँछा रह जाता है

तब गौर से देखा मैंने उनका चेहरा
धूप में झँवाया एक चेहरा
जिस पर अधउधड़ी लिपी हुई मन की मुलायमियत
यह राजाराम कि जिनकी उम्र तजवीजना मुश्किल
लगता कि हमेशा से ऐसे ही अधपके अनथके
भौतिक संपदा से भले ही दूर, उस प्राकृतिक संपदा से भरपूर
जो कुछ तो शायद जैव गुण-सूत्रों से वंशगत हासिल
कुछ काम की लगन से खिल
बनी है हाथों का हुनर
कि अगर टुटही चप्पल की भी मरम्मत कर दें राजाराम
तो हो जाये वह नई के मुकाबिल
घूरे पर जा गिरने की जगह पाँव से लगी रहे कितने ही दिन और
घुरे-फिरे संग-संग, ठाँव-कुठाँव मुस्तैद

यहीं, बगल में

टेसन के करीब
इंग्लिशिया लाइन तिराहे पर
जवाहर मार्केट के सामने की जगह में
उनका ठीहा, तीसेक वर्षों से
बस एक आदमी के आसनी बिछाने-भर की जगह
जहाँ डटे रहते वे दिन-दोपहर से एक पहर रात तक
बिला नागा
अपने औजार सँभाले मुस्तैद

उस दिन न जाने कैसी थी बेचैनी
अमूमन चुप-चुप सुनते-गुनते रहने वाले राजाराम
बलबलाते हुए बोलने लगे :
भैया जी, जिस दिन
बाँच सुनाई थी आपने
खेवली के धूमिल की कविता 'मोचीराम'
उस दिन आप ने उनकी वह उक्ति भी तो सुनायी थी
कि उम्र बीत जाती है और गाँड़ बायाँ हाथ ही धोता है
सो दायें हाथ से दक्षिणा देते-लेते रहेंगे नीके लोग
और बायाँ हाथ बायाँ हाथ ही बना रहेगा, नीचे लगा रहेगा
लेकिन हाथ भी कहाँ
छुद्दर शुद्दर को तो पैर का दर्जा दिया है न बेद-पुरान ने
लेकिन जिसके बगैर
अपाहिज हो जायेगा समाज
टसकना तक मुश्किल होगा
एक दिन किन्हीं कवि जी की बानी सुनायी थी आप ही ने
कि पूरी दुनिया को साफ करने के लिए एक मेहतर चाहिए
सो गैस-गँधाते मैनहोलों और सीवर-टैंकों में
जबरिया उतारे जाते रहेंगे निहत्थे सफाईकर्मी हाथों के बल
और बेमौत मरेंगे

और बेनियाज दुनिया चलती रहेगी अपनी राह
लेकिन चलेगी तो गोड़ से ही
सो गोड़ अगोरते बैठे हैं अपन राह-किनारे
कि थकी-हारी चप्पलों में नई ताकत भर दें चलने की
और भैया जी! यह तो काशी है न!
सबसे बड़ा तीरथ!
दूर-दूर से आते हैं लोग
दूरो-दराज दक्खिन तक से
उनकी पनही बताती है उनकी जिंदगी पर क्या बीती है
तिनटँगवा पर माथा झुका कर
कोई माने न माने
उनकी जिंदगी को रफू कर देने की ख्वाहिश होती है

गला भर आया-सा
बोलते-बोलते चुप हो गये राजाराम
माथा झुका कर
सोच में गुम हो गये

कुछ देर बाद
माथा उठा कर धीरे से बोले :
आदमी की खाल
जो होती किसी काम की
तो लिख जाता कि इस से
उनके जूते बनवा देना
वे जो नये उनये हैं गऊ-रक्षक डंडाधारी
ट्रकों-ट्रालियों में ही नहीं, झोलों में भी झाँकते हैं
अरे! मरे मवेशी का चाम
इंसानी पैरों को
काँट-कंकड़ शीत-घाम से बचाये
इस में हरज ही क्या!

तो लो! जाओ!
छोड़ दिया खाल उतारना
मरा मवेशी! आप ही निपटो
लेकिन नहीं, वह भी नहीं
बबुआन हैं
हुक्म हाँकने के अलावा आता ही क्या है!
अजीब समस्या है!
ऊपर से यह कि
जिस-तिस से
जबरिया जै श्रीराम बुलवाते हैं
अपना रोब जमाते हैं
आये दिन का बावेला है
सब राजनीति का खेला है
उनके राम न तुलसी के राम न कबिरा के राम न सिया के राम
राम तो रोम-रोम में बसते हैं
राम के बिना सरे कौन काम
राम के बिना कहाँ आराम
राम तो अपना ही नाम
राजाराम न भी होता तो, जी हाँ
राम तो आतम-ग्यान!
जी से बूझो जहान!
राम-भरोसे ही तो कठिन बीमारियों से लोहा लेते हैं हम
और चंगाई-सभा में टुक नहीं जाते हैं
क्योंकि मालूम बखूबी कि ये डपटते हैं
तो वे झपटते हैं
अपने खीसे में भरते हैं

चुप हो गये
फिर उसाँस भर, बोले राजाराम

चलते-चलते आखिरी बात :
जी करता है
राँपी से छील दूँ फालतू अहंकार
सुलेसन से साट दूँ उचटे दिल तमाम
लैलून से सिल दूँ उधड़ता समाज
लेकिन, आह!
अभी तो देखिये
यहीं से दिखता है
ठीये पर आ ठिठके हैं दो-तीन जने
इधर-उधर गर्दन घुमा
राहगीरों के संकटमोचक को चीन्ह लेना चाहते
सिक्कों की झनकार नहीं
थकी-हारी पनहियों की पुकार बुलाती है
चलूँ, उन में नया दम भर दूँ
दुनिया रौंदने का
बाकी दुनिया को बाद में देखेंगे।

*(कविता भविता में संकलित)*

## कविता धूपछाँही

अनुभूतियों की विविधवर्णी वर्णमाला में
लिखी जाती है कविता
धूपछाँही

कि जब तुम खुश होओ या होओ उदास
जी से लगाती है
उसकी गलबाँही।

*(कविता भविता में संकलित)*

## शील ही है मूल द्रव्य

शील ही है मूल द्रव्य—द्रव
शैलियों में बहा आता है
बिथा है एक ही, जिसे
विभिन्न विधाओं में कहा जाता है।

*(कविता भविता में संकलित)*

## दुनिया को धुनिया चाहिए एक

दुनिया को धुनिया चाहिए एक
सबकुछ को जो धुन कर रख दे
कबीर-सा जोलहा, धुन का पक्का—
उधेड़े, फिर बुन कर रख दे।

*(कविता भविता में संकलित)*

## चित्त-धातु

नहीं, यह केवल
भाषा और शिल्प का ही मामला नहीं
संवेदना के प्रकार का है
और संवेदना का प्रकार
तय होता है चित्त-धातु से;
कह सकते हैं :
गीति-कवि का चित्त द्रवणशील होता है
और मुक्तछंद के कवि का चित्त प्रसरणशील।

*(अप्रकाशित)*

## कविता-विपथ

कविता का रास्ता तो
बना-बनाया होता नहीं
कुछ-कुछ वैसे ही जैसे
वन में घास-पात खर-पतवार झाड़-झंखाड़ के बीच
जिधर भी दौड़ जाये आतुर मृग
बन जाता है मार्ग
उसी तरह तो
भाषा के भावाकुल विस्तार में
कविता के धावक पैरों के आगे नहीं पसरी होती
पीछे छुटती है
पगडंडी
दिखती-अनदिखती
उस में झलमलाता चलने का न्योता—
उस पर चलने का नहीं—
बस चल पड़ने का
चलने को निकल पड़ने का।

*(कविता भविता में संकलित)*

## मनुष्यता की रीढ़

किताबों का कागज गल जाता है पानी में
उनकी वैचारिक दृढ़ता विगलित नहीं होती
हाँ, किताबों के कागज को चाट जाती हैं दीमकें
उनमें के विचार हज्म नहीं कर सकतीं
किताबें प्रतिबंधित कर सकते हैं, उन्हें जला सकते हैं
बीच चौराहे, तानाशाह

लेकिन उनसे उठते स्वातंत्र्य-रव को मूक नहीं कर सकते
किताबें मनुष्यता की रीढ़ की उदग्र हड्डी बन चुकी हैं
कोई भी अमानुषिक ताकत जिसे क्षत-विक्षत कर ले,
क्षैतिज नहीं कर सकती।

*(अप्रकाशित)*

## मूर्धन्य ष के लिए एक विदा-गीत

बेचारा मूर्धन्य ष
जो ऋषि-महर्षि में ही बचा हुआ है
और राष्ट्र में षड्यन्त्र में और षट्कोण में
और ऐसी ही दो-चार अजीबोगरीब जगहों में
बेचारा मूर्धन्य ष
जिसकी आकृति-भर बची है
एक तपस्वी आकृति
लिपि में
लिखित भाषा में

बेचारा मूर्धन्य ष
जिह्वा से जो गिर गया रास्ते में
बोली से बिछड़ गया
टोली से फिसल गया
डूब गया अँधेरे में
लिपि की झाड़ी में फँसा टिमटिमाता
डूब जाने दो
टूटा तारा है एक
दुख न करो
डूब जाने दो

ध्वनि के पीछे उसकी आकृति
डूब जाने दो
भाषा के अतल में
भाषा के जल में
विस्मरण नहीं
अनंत आकृतियों की स्मृति।

*(संशयात्मा में संकलित)*

## ओ-ओ आ-आ का विदा-गीत

ओ-ओ आ-आ
इकला वह पंछी रहा गा
हवाई द्वीप के अपने दलदली ठिकाने पर
मिथुन-गीत
वर्षों से पुकारता प्रिया को
कहाँ है उसकी मादा
जननी अजन्मे शावकों की
उड़ गयी अनस्तित्व के आकाश में
खोंसकर अपने रंगीन पर
नववर्ष के उत्सवी टोपों में
पिछले किसी साल
छोड़ उसे इकला

ओ-ओ आ-आ का अनुत्तरित मिथुन-गीत
हवाई द्वीप के उसके दलदली ठिकाने पर
एक प्रजाति का विदा-गीत है
जिसे सुनो चेतो
बहसों और बुझौवलों के बीच

कि लाखों वर्ष पूर्व कैसे लुप्त हुए डायनासोर
पृथ्वीजेता भीमकाय डायनासोर
किसी विशाल धूमकेतु से टकरायी थी पृथ्वी
कि विराट् उल्का-प्रस्तर बरसा था पृथ्वी पर
देखो, यहाँ से वहाँ तक यह क्रेटर, इस भूरे पत्थर में इरीडियम-स्तर
यह यहाँ माइक्रोस्कोप से, वह वहाँ टेलेस्कोप से

अरे! देखो स्टेथेस्कोप से
सुनो छाती के घर्घर में अन्तःकरण की आवाज
असंख्य जीव-जन्तुओं से भरी धरती के लिए
विशालतम धूमकेतु से, विराटतम उत्का-प्रस्तर से भी
अधिक दुस्सह, अधिक दुर्दान्त
हो रहा आदमी
हर दिन लुप्त हो रहीं शताधिक प्रजातियाँ
धरती की अनन्य जीव-रचनाएँ
आदमी के सर्वस्व-संहारी आत्म-विस्तार में

ओ-ओ आ-आ के वंशी-स्वर को
हाथ हिला विदा दो
अभी जबकि म्यूज़ियम में चकित
बादल की तरह मुलायम उस राजसी चोंगे के सामने से गुजर रहे हैं
तुम्हारे बच्चे
जिसके दामन में सिले अस्सी हजार पंछियों के उधड़े पंख हैं
और छीजते जंगलों में यहाँ-वहाँ लटके हुए
शहद के छत्ते वृक्ष के तनाकार—
चिड़ियों की पोली हड्डियों की तरह हवा-हल्के, मधुभार-बोझिल—
मधुखौकी चिड़ियों की लम्बी कठिन चोंचों के बिना
रंध्र-रंध्र में उदास हैं।

*(संशयात्मा में संकलित)*

# संशय

कौवों को बगुलों से बिदकते
हमने कभी नहीं देखा
न बगुलों को कौवों से
हमने तो खेतों-मैदानों में
उन्हें अगल-बगल चलते ही देखा
कभी साथ लगे चलते मवेशियों के पीछे-पीछे भी

नहीं, पक्षी रंगभेद नहीं जानते
संभवत: रंगों में भेद कर सकते हैं वे
नहीं तो मोरपंख में रंगों का स्थापत्य रचा न जाता
नर बया के घोंसले के मुकाबिल
लेकिन वे कोई रंगभेद नहीं मानते लगते
हम भले इतराते रहें अपने बड़े मानव-मस्तिष्क पर
हमारी हँसी उड़ाने वाला ब्रह्मांड में कोई नहीं
हों भी कोई पशु-पक्षी तो हम उनकी भाषा समझते नहीं
अरे! विलुप्त होने से बची अनेक आदिम जनजातियों तक की भाषा नहीं
समझते हम
क्योंकि हम नहीं सुनना चाहते अपनी जीवन-शैली से परे का कोई भी
अस्तित्व-आख्यान
हमारी जीवन-शैली कि मारण-शैली
हम पटु जिसमें, प्राचीन को संहारते आधुनिक से
और आज आधुनिक को अंधाधुंध मार रहा है अधुनातन

हमें टोकने वाला एक था ईश्वर—हमने ही उसे रचा था
अंत:करण का अंकुर फूटा था जब प्राणी-हृदय बना था
मानव-हृदय
विस्मय की डंठल पर उगी श्रद्धा के पद्ममुख वाला

वह ईश्वर—सर्वोत्तम मानवीय रचना हमारी
वह तो हमारा ही आस्फालित अक्स था
विराट् अस्तित्व के आईने में
हमारा ही रंग-रूप लिये हू-ब-हू
बेशक हमारी सीमाओं और कमजोरियों से मुक्त
और कभी कहीं स्वरूप से भी;
हमने वध कर दिया उसका भी
वधिक बना कर उसे
अपने स्वार्थों के पक्ष में खड़ा किया जब

लेकिन आज जब हम उसके जयकारे लगा रहे हैं
वह आँसू बहा रहा है
वे ईश्वर के आँसू हैं जिनसे सिंच कर
तमाम सुख-सुविधाओं के बीच जीते हमारे भीतर
एक अबूझ वेदना अँखुआती है
एक अमूल्य वेदना जो चुप-चुप बन जाती
मूल्य-चेतना हमारे अवचेतन में
तो क्या वह 'ममी' भर नहीं है
जीवित है मर कर भी—
हमारी आत्माओं का आत्मीय परमात्मा?
*(असंकलित)*

## कलहाहत समय के क्लान्ति-काल में

कुछ ही तो दिन बीते हैं तब से
कि जिस दिन
भारत-भूमि पर
दुहरायी गयी वह हत्या, जिसने

जब वह सचमुच घटित हुई थी तब
मर्माहत कर दिया था विश्व-समाज को
इस बार आदमकद तस्वीर-भर थी उस शान्ति-दूत की
और पिस्तौल भी थी नकली
लेकिन प्रचाराकांक्षी नाटकीय दुहराव में
जो तीन गोलियाँ चलायी गयीं
वे सन् उन्नीस सौ अड़तालीस की तीस जनवरी को चलायी गयीं गोडसे-
गोलियों से
अधिक घातक थीं, जियादा क्रूर, भीषणतर दुर्भाव-भरी
तस्वीर के महात्मा-मुख ने उचारा भी होगा 'हे राम!'
तो कहाँ सुनी जानी थी वह अस्फुट आवाज
भव्य राम-मंदिर और गगनचुम्बी राम-प्रतिमा के
बनावक नहीं, विध्वंसक शोर में
सियासी कपटीले शोर में
संस्कृति के रपटीले छोर में
कि जहाँ जब
अंत:करण से निर्वासित राम के लिए
दंडकारण्य के नाम पर
दंडित अरण्य बचा है आज

कुछ ही दिन बीते हैं तब से
और आज यह खबर
कि इंग्लैंड की उस कब्रगाह में
जहाँ दफ्न कार्ल मार्क्स—
शोषक पूँजीवाद के आलोचक, समताकामी समाजवाद के प्रस्तावक
कार्ल मार्क्स—
उनकी कब्र पर
लगायी आवक्ष कांस्य-प्रतिमा
के नीचे लिखे

समाधि-लेख में उकेरे
नवयुग के स्वप्नदर्शी महावाक्य पर
'दुनिया के मजदूरो एक होओ'
की अमन्द पुकार पर
चला गया है हथौड़ा
चुप-छुप अँधेरे का लबादा ओढ़े आया कोई बददिमाग
खेतिहर हँसिये का संगी मजदूर हथौड़ा जो करीब था मार्क्स के दिल के
गलत हाथों में देख उसे
असह्य चोट लगी होगी
मार्क्स की कांस्य-प्रतिमा के दिल को
बाकी तो, झंझावातों को सस्मित झेलने वाले के यहाँ कहाँ उद्विग्नता!

सहसा सोच-विचार को चीरता
अरे! यह क्या है
स्वप्न-चित्र? अतियथार्थ?
कलहाहत समय के क्लान्ति-काल में
एक विश्रान्त पल में
मन की आँखों से औचक देखा जाता है :
देह धरे भी जो थीं मुक्त आत्माएँ
वे देह-मुक्त आत्माएँ
अमर्त्य लोक में विचर रही हैं
छायापथ के उस छाया-लोक में छाया-तन
उन में वह एक चौकड़ी! हमेशा संग-साथ!
जब देखो तब बहसीली बतकही में मशगूल
अरे! दो तो झट चिन्हाई में आते कार्ल मार्क्स और फ्रेडरिक एंगेल्स हैं—
अनन्य-मित्र—सखा सहचर, युगान्तर-युद्ध के सहयोद्धा
तीसरे वे बेशक अल्बर्ट आइंस्टीन हैं—
ब्रह्मांड-विज्ञानी, समाजवाद के समर्थक, गांधी के मुरीद
और वह हड़ियल-सा दिखता अधनंगा फकीर?

हाँ, वे गांधी हैं, अपने महात्मा गांधी, निस्संदेह, गोलियों के लिए सीना
खोले उघार
ओह! तो धरती पर फैलीं मार्क्स और गांधी के बीच
गंभीर वैचारिक अनबन की बातें फुजूल थीं बिल्कुल?
लगता तो यही है!
मार्क्स की हिंसा और गांधी की अहिंसा
करुणा की जुड़वाँ संतानों-सी लगती हैं
दूर यहाँ से
दूरी से चीजें सही परिप्रेक्ष्य में दिखती हैं इस में क्या शक
भेदों के बीच का अभेद
अभेद्य नहीं रह जाता है तब!
तब दूरी हो जाती है दूर!
मन मन में लौट आता है!

*(असंकलित)*

## कोरोना-काल में अड़हुल

बँगले का फाटक धीरे से खड़का
रुक कर, थोड़ा तेज
फिर थोड़ा और तेज
तो असमंजस में पड़े मन ने खुद से ही किया सवाल
कौन इस कोरोना-काल में
लॉकडाउन के रविवार में
अस्पताल का कोई कर्मचारी तो बगैर फोन किये, इत्तिला दिये
आता नहीं कभी!
खुद जा देखा डॉक्टर साहिबा ने
तो फाटक की छोटी खिड़की से दिखा
उस तरफ खड़ी थी

तनिक मलिन साड़ी पहने
पचासेक बरस की एक महिला अनजानी!
'कहिये' कहने से पहले ही वह बोली :
हमका गुड़हल के फूल चाही
आपके हियाँ तो है, लोगन बतावा

अड़हुल! हाँ, है तो
लेकिन काहे
उमसते आषाढ़ से तो दूर बहुत अड़हुल-अभिलाषी नवरात्र
फिर क्या बात?

पूजे है
—बोली वह याचना-भरे स्वर में

भीतर से फाटक खोल दिया
डॉक्टर साहिबा ने :
वह उधर है
फूल भी लगे हैं
तोड़ लोगी न!

हाँ, हाँ—कहती
वह भीतर आई
और बड़े जतन से
उसने लोढ़ लिये सारे फूल जो खिले थे, डालों पर ललाम
लेकिन जाने की जगह, पास आ बोली, निराशा और
उम्मीद के मिलेजुले स्वर में :

और कोई के हियाँ
गुड़हल होय त बतावऽऽ

अब काहे?
पूजा-भर के तो हो ही गये फूल!

ना! ना!—
आँचल में के फूलों को दिखलाती वह बोली :
देखऽऽ
छहे हैं
तीन कम पड़ रहे हैं

खुदे खोजो—
कहती डॉक्टर साहिबा ने
फाटक बंद किया

—अलस दुपहरिया की उस लमहर फोन-वार्ता में इतना सुन
ठठा कर हँसा मैं
और बोल उठा :
बहुत खूब!
आप तो महाभारत के कृष्ण से कम नहीं तनिक भी
कि एक पक्ष को अक्षौहिणी सेना का साहाय्य
और दूसरे पक्ष में खुद सारथि-सार्थवाह
वाह!

क्या मतलब?
—चकित-सी बोलीं मेरी डॉक्टर मित्र
—मतलब यही कि
वैश्विक आपदा के इन भयाकुल दिनों में
एक तरफ तो लड़ रहीं दुर्दान्त कोरोनावायरस से आप लगभग निहत्थी
शेर पर सवार भारतमाता की सच्ची बेटी
यानी बगैर पी.पी.ई. किट आदि के रक्षा-कवच के
जान जोखिम में डाल
खस्ताहाल चिकित्सा-व्यवस्था की एक कर्मठ कारकुन
बस वैज्ञानिक चेतना के बल
दूसरी तरफ

इन कोरोनाक्रांत दिनों में
चिकित्सा-सुविधा से महरूम गाँव-जवारों में
लोगों की अशिक्षा के नीचे पसरे अज्ञान के अँधेरे में जड़ें डाल
उग आई हैं कोरोना माई
जिस तरह कभी
चेचकरू चेहरे वाले दिनों में
उपजी थीं शीतला माई
हाँ, वह कोई पिछली पिछड़ी सदी थी
और अब विकसित विज्ञान से आलोकित इकीसवीं ईसवी सदी
जो तनिक विस्मय से देख रही
भारतभूमि पर देविया गयी कोरोना महामारी को
इस लाइलाज बीमारी को
जिसके लिए नहीं बनायी जा सकती किसी प्रयोगशाला में कोई वैक्सीन
उसके लिए तो पाठशालाएँ जरूरी हैं
जिनसे बाहर ही रखी गयी हैं ग्रामीण स्त्रियाँ जियादातर
लेकिन नहीं, इतना-भर ही नहीं
चारागर चाहिए थे, लेकिन वे
इंसानी भेड़ों के रेवड़ को हाँकने वाले जादूगर
वस्तुतः वोटों के सौदागर
मति को मुट्ठी में रख, जनमत को कैद करने के अभ्यासी
चाहते, बनी रहे जनता अंधविश्वासी
करुणामूर्ति मंगलकामिनी स्त्रियाँ इनकी सहज शिकार
फूले-फले राजनीति और धर्म का संयुक्त व्यापार
सो, इसी नवोदिता कोरोना माई के पूजन के निमित्त
चाहिए नौ अड़हुल के फूल
कर्मकांड में न हो कोई भूल
मोबाइल पर सोशल मीडिया की मार्फत
घर-घर चेताया जाता है
बार-बार विधि-विधान बताया जाता है

—ओह! यह तो पता न था
—डॉक्टर साहिबा बोलीं—
इधर तो फुर्सत नहीं मिलती एक उड़ती निगाह भी अखबारों पर डालने की
टी.वी.-इंटरनेट कौन कहे
कार्यकारी व्हाट्सएप ग्रुप के अलावा और कुछ नहीं
कोविड नाइनटीन से उन्नीस नहीं व्यवस्था की दुरवस्था की मारकता
कोरोना-योद्धा कहकर फुसलाने से काम चल ही जाता है
बस कोई कोरोना-शहीद दिखायी नहीं देता उन्हें
आकाश से अस्पतालों-डॉक्टरों पर पुष्प-वर्षा का आयोजन
बस यह जतलाने के लिए
कि वे हैं आज के देवता धरा-धाम को धन्य करने वाले
धन्य-धन्य कहने वाले
अच्छा होता कि कल की उस हेलिकॉप्टरी पुष्प-वर्षा में
कुछ अड़हुल के भी फूल होते
और पहले से पता होता तो कम-से-कम तीन चुन लेती मैं
वह भोली गँवई बहिनी कहाँ-कहाँ भटकती होगी
पाने को बाकी के तीन फूल!
—कहते-कहते गला भर-सा आया डॉक्टर साहिबा का
और मेरा मन भरभराया

हमने फोन काट दिया।

*(असंकलित)*

## अबके, नागपंचमी में

अबके, नागपंचमी में
अलस्सुबह सुनायी न दी
कॉलोनी की सड़कों पर

बच्चों के अलग-अलग दलों की
पुकारती आवाजें :
नाग लो जी, नाग ले लो
बड़े गुरु का...छोटे गुरु का
नाग ले लो
—और सीढ़ियों पर चढ़ती-बढ़तीं
उनकी चंचल पगतलियों की आहटें
और द्वार-घंटी की देर तक बजने वाली खिलंदड़ी ध्वनि
कि जिसके सामने
खड़ा हुआ बच्चों का इक दल
हाथों में लिये हुए
चिकने कागज पर छपी हुईं
नागराज की तस्वीरें नीली-लाल
जिन्हें कल ही खरीदा गया था
रुपे में दो के भाव से
जिनकी एवज
एक, दो या पाँच-दस तक भक्ति-भाव से भरे रुपये
मिल सकते हैं आज के दिन
सच्चा सौदा!
बल्कि सस्ता सौदा!
कि जो एक तस्वीर चिपका दी जाये दरवाजे पर
या चाहे बगल में ही
तो साल-भर की छुट्टी
किसी साँप-सँपोले की क्या मजाल
कि घरघुस्सी करे

नागदंश-भय-निवारण करते घूमने वाले
इन बच्चों में
कैशोर्य छूता वह जो तनिक बड़का

चमकदार आँखों वाला—गिरोह का सरदार
वही बड़ा गुरु
उसकी बगल में
उससे जो तनिक छोटा
जिसकी जबान ज्यादा चपल—छोटा गुरु
पीछे छुटके बच्चे जिनमें से अगले बरस या उसके अगले बरस
बनेंगे छोटा गुरु या बड़ा गुरु
हिय का हुलास जिनके होंठों पर मचलता :
नाग ले लो जी! नाग ले लो
बड़े गुरु का! छोटे गुरु का! नाग ले लो!
—हाँ, इस नयी बसी कॉलोनी के गिर्द जो ऊबड़खाबड़ पुरानी बस्ती है
वहीं के ये बच्चे
आज का दिन उनका अपना दिन
जिसके भोर का उन्हें कब से रहता इंतिजार
पिछली रात से ही नहीं—
कि यह दिन उनके निर्द्वंद्व घर-घर जाने का
अनबूझी-सी जनसेवा की लगन उन्हें करती मगन
उनकी पुकार में
विश्व को निर्विष करने का आवाहन
जन-जन के मंगल का आश्वासन :
नाग ले लो जी! नाग ले लो
बड़े गुरु का! छोटे गुरु का!

बड़ा गुरु? नहीं नहीं!
वह तो महान् वैयाकरण पाणिनि है, आज के दिन
'अष्टाध्यायी' का रचयिता!
और जो छोटा गुरु
पतंजलि है—'महाभाष्य' का कर्ता!

यहाँ, बनारस के जैतपुरा में
जो अतिशय प्राचीन नागकूप है—
दरअस्ल, चारों तरफ से उतरती सीढ़ियों वाली एक बावड़ी—
नागकूप विख्यात—
कायम है जिसका महातम
कहते हैं, जिसके चौकोर जल के नीचे से
पाताल को जाता एक गुप्त रास्ता है
जो पहुँचता सीधे नागलोक
यही नागकूप है कर्कोटक नागतीर्थ पुराणोक्त
जिसके पावन पड़ोस में
कहते हैं, पाणिनि और पतंजलि ने रचीं अपनी अमर कृतियाँ
वह दिव्य स्थल जिसका तेज
कठिन से कठिन काल-सर्प-दोष को झट कर देता भस्मीभूत
उसी के प्राण-प्रतिनिधि आज के दिन
दुआरे-दुआरे दुरित दूर करते घूमने वाले
नन्हे-मुन्ने पाणिनि और पतंजलि
बड़े गुरु और छोटे गुरु
विद्वान् दयावान्!

ओह! अबके
इस संक्रामक-आक्रामक कोरोना-कवलित काल में—
जब मरी हुई ध्वनियों के बीच-बीच में
लॉकडाउन और कर्फ्यू जैसे मुर्दार शब्द देते हैं कभी-कभी सुनायी
समय को जैसे साँप सूँघ गया है
इस काल-सर्प-दोष का निवारण करने वाली वायरस-रोधी वैक्सीन
कभी इस देश में, कभी उस देश में
संजीवनी की तरह जलती और झट बुझ जाती
देती है दिखायी या अनदिखायी—
अपने घरों में ही रहो बच्चो

साँसों में समाने वाला, फेफड़ों में पैठने वाला, यह विषाणु विषधर से बढ़ कर
अभी तुम्हारे खेल मेल खो गये हैं तो क्या
संग-भंग से आगे के दिनों में रंग बचे हुए रहेंगे
कि उन तक पहुँच कर तुम
उन्हें मुखर करोगे
भावी पाणिनि और पतंजलि
हमारे लाल ललाम!

*(असंकलित)*

## लौटना

लौटे हुए लोग
लौटने लगे हैं

उलटबाँसी-से लगते इस वाक्य को
सुलटाओ तो तुम्हें दिखेगा
आज का अजीबोगरीब सच
मीडिया ने जिसका मिथ्याकरण करने की पुरजोर कोशिश की
हजार मुखों से झूठ बोलता हुआ मीडिया
सत्ता और पूँजी के परस्पर हितैषी गठजोड़ का संपोषक
समाज के मन का नियंत्रक बना बैठा
लेकिन आखिरकार
डालने पड़े उसे अपने हथियार
बदरंग सच को जगह देनी पड़ी
जिसने जता दिया कि उसका इंद्रधनुष छलावा था

वह बदरंग सच
झुंड-दर-झुंड इंसानी रेले के रूप में

कोरोना-काल में अकस्मात् आरोपित देशव्यापी लॉकडाउन की निर्जन
रही आई सड़कों पर
चलता चला जाता था
खाकी डंडे से खदेड़े जाने पर
सूने रेलमार्गों पर भी
उसे अविराम चलते जाना था दिन हो कि रात
गिरते-पड़ते
सिर पर गठरी-मोटरी
गोद में नन्हा बच्चा सँभाले
बाजू पकड़े, बमुश्किल चल पाती पत्नी
कोई-कोई तो लगभग पूरे दिनों की गर्भवती भी, टलमल निर्बल
जीवन की पूँजी सँभाले
उन सब को अनवरत चलते जाना था
मेहनत की पूँजी छिन जो चुकी थी हाथों से
जीवन की पूँजी-भर थी बची हुई
जिसे बचाना था, भले हो वह पास के चंद बिस्कुटों सरीखी भंगुर
सो चलना था
चलते चला जाना था
छाले पड़े पाँवों से
चप्पलों के बगैर भी, तपती सड़क पर, सुलगते तलवों
असंभव हो जाने पर
टुक निढाल लुढ़क कर, झट उठ
फिर चल पड़ना था
गाँव था दूर, बहुत दूर अभी
ध्रुवतारे-सा छोटा दिखता था
लेकिन वही दिशा दिखाता था
लौटने की इस असंभवसंभव राह में

वे लौटते हुए लोग थे
शहर को जो गढ़ते थे कर्मठ हाथों के कौशल से

कृतघ्न शहर ने उन्हें खाली हाथ हँकाल दिया था
मुँह फेर कर अपनी सीमा से निकाल दिया था

लौटते हुए लोग लौट चुके
आखिरकार
यानी जो हदस से और हादिसों से बच निकले,
हथेली में जिंदगी कसे

आह! गाँव
जो दूर से धुँधली लालटेन की तरह टिमटिमाता था
अछोर अँधेरे में

वह गाँव कहाँ था
जहाँ बेचारगी भले थी
बेगानगी तो न थी
क्या यह केवल कोरोना-काल का असर था
या कोई अकाल उतर आया था
देह से बढ़ कर
गाँव की आत्मा के अंदर भी

कहने को तो मनरेगा की औनी-पौनी मजदूरी थी
मजबूरी थी
लेकिन पानी-भराऊ गड़ही खोदने से
पूरे परिवार के पेट का गहिर गड्ढा तो भरना मुश्किल
जो अनाज माँगता रहता है
ओस की बूँद चाटे कब प्यास बुझी है

कोरोना-काल के इस काल-खंड में
चलने लगी हैं तथाकथित श्रमिक स्पेशल ट्रेनें
अवरुद्ध शहरों को गति देने के लिए

कर्म-कुशल हाथों की जरूरत जो है!
शहर फिर से मुंतजिर हैं इन मजदूरों के!

मीडिया के कैमरों की आँख में आँख डाल कर
कहा था जिन बदहाल लौटते नौजवानों ने
कि जैसे भी जुरेगा, गाँव में ही जिएँगे
अब न लौटेंगे कठकरेज शहर में
वे एक बार फिर
लौट रहे हैं
कठफोड़वा की तरह शहर के काठ पर कठोर ठोर ठोक
श्रम-संगीत गुँजाने

हाँ, लौटे हुए लोग
लौटने लगे हैं!

*(असंकलित)*

## 8 दिसंबर, 2020

(नये कृषि-कानूनों के खिलाफ किसानों का बुलाया भारत बंद)

तुम कहते हो, तुमने
किसानों को आजादी दे दी है
कि वे देश में कहीं के भी बाजार में
बेच सकें अपनी फसल
कि तुमने बिचौलियों को मिटा दिया है
जो बीच में सोख लेते थे सारा फायदा
और किसान की लागत तक निकलनी थी मुश्किल
कि अब तुमने खेतिहरों को धनबली महाजनों से
सीधा जोड़ दिया है
और जबरजोर जमाखोरी की खुली छूट दे दी है महाजनों को

कि अब आगे जो वे मुनाफाखोर महाजन कहें वे नगदी फसलें ही उगायें
बँधुआ किसान
उनकी मनचीती कीमत पर उन्हें बेचें
और पामाल से हों मालामाल
—वाह रे ठगिनी भाषा का कमाल!

तुम्हारी मायावी मिथ्या का यह सबसे घातक वार है
देश की छाती पर
कि देश की आत्मा के अन्नमय कोश पर
और इसे
इस देश के किसान ठीक-ठीक समझते हैं
अपनी आत्मा के प्राणमय कोश में कम्पन महसूस करते हुए

तुम्हारे राज के राज़ खुल चुके हैं
उनकी पोढ़ी आँखों के आगे

अपने मित्र धनपतियों के हाथों में
देश की सारी जन-संपदा को सौंप
उनकी धन-संपदा में बदलने के तुम्हारे अभियान
के आगे
अड़ गये हैं वे
भारत-भू के मानव-भूधर की तरह

तुम्हारे फुसलौआ राष्ट्रवाद के फिसलौए पर
फिसलता हुआ गर्त की ओर जा रहा है जो मध्यवर्गीय मानस
शायद अब चेते

यह उम्मीद अभी नाउम्मीद भी हो सकती है

लेकिन खेत में खड़ी फसल की देख-रेख की तरह
इस देश के अंत:करण को जोगने का जिम्मा

जब पोषक हाथों ने अपने हाथों में ले लिया है
तो अन्न की तरह पकेगी ही सद्बुद्धि
माया-जाल छिन्न-भिन्न होगा जरूर
—शोषक स्तब्ध हैं
और शासक भीतर-भीतर भीत।

*(अप्रकाशित)*

## लेन-देन

अधरात
किताब मूँद, कार्ल मार्क्स की
निद्रा का आह्वान करता हुआ मस्तक
विषैली विषमताओं को
महसूस करता है रेंगते
तन-बदन पर
बिच्छुओं से भर जाता है बिछौना

बाहर निकलते ही
निशीथ से टकराता है माथ

रतजगा करने वाली वह चाय-दुकान ही है,
जीवन-द्वीप अभी
तिराहे पर
अगल-बगल की शटर-गिरी बन्द दुकानों के बरामदों तक पर पसरी
वह चाय-दुकान, सुगन्ध-ध्वज

कि जहाँ दिखता है
एक बन्द दुकान की सीढ़ी पर

सोया हुआ एक बालक—म्लान
हाँ, हूँ पहचानता उसे
चाय-गिलासों को धोने-माँजने वाला छोकरा वह
अनाम

अभी तो बस
सड़क के हाशिये पर सोया हुआ एक शैशव
गुलमोहर की एक लम्बी फली की तलवार लिये निद्रित मुट्ठी में
अपनी नींद की रक्षा करता हुआ
तलवार भाँजता हुआ सपने में, प्राणपण से
पर कितनी देर...
आ बैठते हैं एक साथ कई ग्राहक
चाय के नहीं, उसकी जान के
एक गिलास चाय और कई गिलास पानी पीने वाले

बैठा-बैठा देखता हूँ
भोर से पहले
रात के बीत जाने और दिन के न आये होने के
अवाक् मध्यान्तराल में
शिथिल होती हैं सारी दिशाएँ जब
गम्भीर हो रही होती है पूरब दिशा
दुकान-दौरी समेट
दुलकते कदमों से जाता है वह बच्चा
पास ही, गुलमोहर के नीचे
बिछी है उसकी खाट—जो कि एक टूटी बेंच है
जिस पर पड़ते ही सोने से पहले
गुलमोहर के आल-वाल के आयुधागार में
जमा करता है वह चन्द्रहास तलवार अपनी—वह लम्बी-सी गुलमोहर-फली

और मैं सोचता हूँ
विषमताओं से व्यथित अपने मस्तिष्क से
कि क्या इस बच्चे से मैं
थोड़ी-सी नींद माँग सकता हूँ
जिस तरह अपनी जेब से चुनौटी निकालते
और तलहथी पर खैनी खोंटते
लोग किसी से भी थोड़ा-सा चूना माँग लेते हैं, बस चुटकी-भर
और
क्या बदले में दे सकता हूँ उसे मैं
थोड़ा-सा अपना कार्ल मार्क्स
नहीं, उतना नहीं जो नींद उड़ाए
बस उतना ही कि
गुलमोहर की फली की उसकी वह चन्द्रहास तलवार
भूतल के तमाम लौह-अयस्क की
आत्मा बन जाये।

*(संशयात्मा में संकलित)*

## मित्र-मिलन

मित्र को मिलने गया
तनिक अकुलाया, उसके घर

क्योंकि पिछली शाम
जब वह आया था मेरे यहाँ
उसकी आँखें थीं लाल
क्रोध से नहीं, और न ही उसने पी रखी थी सही-साँझ
सीधे दफ्तर से लौट रहा था
लक्षण थे कि उसका रक्तचाप बढ़ा हुआ था

आपे में नहीं था उसका जी
माथा घूमता-सा था
और चित्त था उचटा-उचटा
जिसे कोई कविता तब बहलाती या सहलाती
जब उसे सुनना गवारा होता
आँकड़े केंकड़ों-से रेंगते थे उसके दिमाग में
और उनका 'कमांड' उसे बिसर गया था
जबकि कभी उसका दावा था कि उसके मस्तिष्क का 'माउस'
सदा रहता है उसकी मुट्ठी में

वह चला गया था, जल्द ही
और अनकहे विषाद की एक अचीन्ह रेख
छोड़ गया था पीछे
मेरे मन पर

और लो, अपने घर वह
तब तक लौटा नहीं था
कम्प्यूटर की आँखों में आँखें डाले वह
घर से कार्यालय की दो-चार किलोमीटर की दूरी पर नहीं
मुझसे आधी शताब्दी के अन्तराल पर था
चौथी पीढ़ी के कम्प्यूटर से था उसका अपनापा
और कहाँ पहली पीढ़ी के कम्प्यूटर से भी मेरी मुलाकात न थी

बहरहाल, फाटक था खुला
और मेरी तरह के किसी अप्रत्याशित की प्रत्याशा में
एक कुर्सी भी रखी थी
नन्हे-से लॉन में

मकानों के पीछे
सूर्य डूब रहा था

और झँवा रही थी
जून की तपती हुई धरती

कि अचानक निगाह गई
एक कमरे की खिड़की के बाहर
जहाँ कूलर लगा था
उसके बगल में ही
वह एक चमेली की गाछी थी
जिसकी एक शाख डोल रही थी हवा में
उसके आकाशीय छोर पर
वह था एक गिरगिट
एक युवा गिरगिट
पता नहीं नर या मादा
उसकी लम्बी दुम लटक रही थी नीचे
रीढ़ पर का दृढ़ रोमांच क्षितिज में दिख रहा था

निकट से जा देखा
एक कोंपल को पिछले दायें की गिरफ्त में लिये
और एक और कोंपल को अगले दायें पैर के आलिंगन में
गाछ की ओर मुँह किये
उस गिरगिट के दिख रहे आँख-गोलक में
सूर्यास्त का नीला पड़ा बिम्ब था
जो धीरे-धीरे बुझ रहा था
मुँद रही थी उसकी आँख
दिन रहते शयन-मुद्रा में यहाँ आ जमा था वह गिरगिट
उसके वजन से
चमेली की वह शाख धीरे-धीरे डोल रही थी

और अचानक याद आया मुझे
निरुक्त में यास्क का निर्वचन :
शाखा होती है ख-शया

आकाश में सोने वाली
और यहाँ शाखाग्र पर
सोया हुआ यह गिरगिट
जिसे चमेली की शाखा
धीरे-धीरे डुलकर
झूला झुलाती हुई

तभी बही बयार, जी जुड़ाती
देखा, आकाश में
पंचमी का चन्द्रमा शुक्लपक्षी
धीरे-धीरे प्रभा पा रहा था
धीरे-धीरे डोल रही थी चमेली की वह शाख
सो रहे उस युवा गिरगिट के वजन से
अरे! जाने कब से
सुदूर प्रागैतिहासिक काल से
पृथ्वी पर आदमी के आगमन से पहले से

लौटा मित्र, लौटा उससे मिल कर मैं भी
और अब मेरी चिन्ता में
शयनकक्ष में चलते कूलर के सम्मुख सोये
नींद की गोली गटक कर भी पहलू बदलते
बिस्तरे की चादर को सलवटों से भरते
मित्र के बराबर ही शामिल है
कमरे के बाहर, खुले में
बित्ते-भर के लॉन में
अब तक निफूली चमेली की मनफूली शाखा के
कोंपलों-भरे आकाशीय छोर पर
धीरे-धीरे डुलता, सुखनींद सोया
वह गिरगिट।

*(संशयात्मा में संकलित)*

## पार्क में एक भेंट

मोहन राकेश की किसी कहानी से निकलकर आये दो पात्रों की तरह
मुझे मिले थे वे
नगर-निगम के उस पार्क में, जो
शहीद उद्यान कह कर जाना जाता है
और बीच शहर में होने के कारण
बहुधा घूमते-टहलते या बिरमते लोगों से
भरा-पूरा-सा रहता है

तिपहरी का सूरज मुलायम होने लगा था
जब मैं उस पार्क में दाखिल हुआ था
और उन्हें सामने पा कर चिहा उठा था

मेरे प्यारे मित्र और न्यारे लेखक थे सामने
जिनके हाथ में एक सतरंगी गेंद थी
जिसे वे घुमा कर फेंकते थे
थोड़ी दूर खड़ा एक खिलाड़ी बच्चा जिसे हाथों में लोक लेता था
प्राय: हर बार

खेल मजेदार था

मित्र ने परिचय कराया
वह खिलाड़ी बच्चा उनका बेटा था
उसने नमस्ते की
उसकी आँखें कितनी समझदार थीं!

वह सतरंगी गेंद
आज दोपहर ही खरीदी गयी थी
उस मॉल में
जहाँ उनने एक रेस्त्रां में

चाउमिन खाया था
और कोक पिया था
हालाँकि पिता को कॉफी ही पसंद आती थी

वह नन्हा बेटा
अपनी माँ के साथ ही रह रहा था
जिनने दूसरी शादी कर ली थी
उसके नये पिता उसका बहुत खयाल रखते थे
लेकिन उसे
महीने के उस दिन का इंतिजार रहता था
जिस एक दिन
उसके बिछुड़े पिता को उससे मिलने की इजाजत थी

वही दिन था आज का दिन
जो तेजी से ढल रहा था
अँधेरा घिरने से पहले बच्चे को पहुँचा दिया जाना था
नये घर तक
जहाँ उसका चिंतातुर इंतिजार रह-रह, गेट खोल, झाँकता था बाहर

लेकिन अँधेरे की आमद में
अभी थोड़ी देर थी
और पार्क के इर्द-गिर्द फास्ट फूड की मोबाइल दुकानों में
मिल सकती थी बच्चे को कोई पसंदीदा चीज

पार्क के निकास तक
मैं साथ गया
और हाथ हिला कर उन्हें विदा दी
और जब तक संभव हुआ
उन्हें जाते हुए देखता रहा।

*(अप्रकाशित)*

## ओ मेरी ह्रस्व इ!

ओ मेरी ह्रस्व इ!
शीश पर तुम्हारी छाँह है
वह तुम्हारी कृपालु बाँह है
मेरे होने के पहले से मेरी ओर बढ़ी हुई
बगलगीर हमकदम साथ तुम खड़ी हुई
सदा से—ओ मेरी ह्रस्व इ!

जिसके बिना वृद्धि होती वृद्ध, शिव शव-भर बचता
कवि कब बचेगा क्षण-भर
प्रीति तुम्हारी ही पीर उर की
विश्व-बिथा का दर्पण भास्वर
मनु को बनाती मनई
तुम्हीं, ओ मेरी ह्रस्व इ!

*(मनु को बनाती मनई में संकलित)*

## भावनाओं की अकाल-वेला में

भावनाओं की अकाल-वेला में
मेरे दुबलाये मन को
तुम्हारा प्रेम पोसता है
कहता :
लो, पियो यह थोड़ा-सा दूध
जमाने से आँखें बचा कर
या फिर जमाने से आँखें मिला कर
क्योंकि यह धरती
आज की ही नहीं है
क्योंकि यह आकाश

भविष्य का भी है
लिखो—अगले किसी जमाने की कविताएँ
इस जमाने के बीचोबीच

और मैं देखता हूँ
अक्षययौवन प्रेम को
जिसकी छाती कभी नहीं बिसूखती
जिसका साहस कभी नहीं चुकता
जिसकी करुणा कभी नहीं कमती।

*(मनु को बनाती मनई में संकलित)*

## पारस का परस

पारस का परस है, हुआ जाता है सुनहला
मन मेरा, लोहित था; मन की अंगुलि से सहला
जब तुमने अपना नाम लिखा मेरे मन की छाती पर
विहँस पूछा फिर, कहो, मन कुछ बहला!

*(मनु को बनाती मनई से संकलित)*

## पुरी का समुद्र

आँखों में पुरी का समुद्र लिये जब लौटोगी
विस्मय-विस्फारित अपनी बड़री आँखों में
तरंग-विकल वह संयम-असमर्थ समुद्र
पछाड़ें खाता, पुकारता, लीलने को आता
उद्वेल्लित, उद्दाम, हहाता
दृष्टि-छोर तक फैला, फूला, फेनिल

टूट-टूट, बिखर, तुम्हारे पैरों तले बिछ जाता
तुम्हें छोड़ जाता हुआ कुछ-कुछ गीला, कुछ-कुछ भीत

तुम्हारे कन्धों पर रख हाथ, तुम्हारी आँखों में झाँकता
मैं जानूँगा, अरे! यह तो मेरे मन का प्रतिबिम्ब है!
*(मनु को बनाती मनई में संकलित)*

## जरत्कारु

जरत्कारु से जितनी प्रीति रखती थी जरत्कारु
जरत्कारु से जितनी भीति रखती थी जरत्कारु
चिर अकेले की संगिनी हो सकती थी जो व्यथानन्दित
एक विकल आत्मा का अविकल प्रतिरूप!

तुम ही हो मेरी जरत्कारु
निविड वन में 'कहाँ है मेरी जरत्कारु' फुसफुसाते ही
भूगर्भ से नहीं
उस अस्फुट पंक्ति में स्फुट इच्छा के भीतर से
प्रकटने वाली
वह—नागों के गेह पली
इस पुकार की प्रतीक्षा में
प्रजाति-भविष्य लिए आँखों में
जरत्कारु
मेरी नींद में सिरजे स्वप्न को
सूर्य-दग्ध होने से बचाये
अपने घुटनों पर, अपनी हथेलियों तले
शंकितचित्त
कि न जाने कब
टूटते ही नींद
ढलती दोपहर

उठ कर चल दे जरत्कारु
पुकारते पितरों को पीठ दे
जो जानते, चूहे के दाँतों की धातु से बनता है काल-वज्र
के विरुद्ध हथेलियाँ अड़ाये
चल दे जरत्कारु
उन्हें अंधकूप में औंधे छोड़
उसकी गोद भरने
उनकी गोद में शिशु भविष्य—पुत्र आस्तीक—को रखने
से भी पहले
और कांतार के एकांत में नहीं
एकांत के कांतार में खो जाये।

*(मनु को बनाती मनई में संकलित)*

## एक प्रेम का समाधि-लेख

यहाँ वह सोया है
जो हमें
निशिवासर जगाये रखता था
वह हमारी सन्तान था
लेकिन हमारा अभिभावक बन बैठा था
वैसे वह अवांछित पैदाइश तो नहीं था
उसके बगैर कितनी ऊसर थी हमारी जिंदगी

यहाँ वह सोया है
धरती की दरार में धँस कर
जो आकाश का सत्त था
हमारी बाँह पकड़ कर
हमें उड़ाये लिये जाता था जाने कहाँ-कहाँ
वह देवदूत लगता था

पर एक और इकेरस निकला था
उसके पंख मोम से जुड़े थे कंधों पर
और समय की धूप बहुत तीखी थी, बहुत बेरहम

नश्वरता का कफन ओढ़ कर
यहाँ वह सोया है
अमरता के आसव पर पुसा था जो
हमने कितनी आसानी से उसे मार दिया!
*(मनु को बनाती मनई में संकलित)*

## मालती

तन-गंध ही नहीं, जन-गंध आती है
मालती की देह से

मालती जो दिन-भर
कई घर
माँजती है बासन
करती है झाड़ू-पोंछा
जिसके झकाझक माँजे बासनों से
नहीं आती तनिक गंध
पर जिसकी अपनी देह से
बासनों की-सी गंध आती है
नहीं, शायद नये-नकोर घड़े की-सी
हालाँकि पुरानी-धुरानी साड़ी में
पुरानी-धुरानी ही है मालती की देह
कड़ी मेहनत से कड़ेर एक साँवली काठी
तीखे नैन-नक्श, जिनका तीखापन बुझ गया है
और कुहनियों तक चूड़ियों वाले मेहनतकश हाथ
घठीले हठीले

जिनकी उँगलियों में
देह का दरद दुह निकालने का गुर
देर-दर-देह
गाँठ-दर-गाँठ
मेमसाहिबों की
मोटापे से जो परेशान
जिनका उतरता मोटापा
मालती की देह पर नहीं चढ़ता
बस कभी-कभार चढ़ती है
उनकी देह से और मन से उतरी हुई साड़ी

हाँ, उस मालती की देह से
तन-गंध नहीं, जन-गंध आती है
वह एक गंध जो मरद को न्योतती नहीं घूमती
चाहे मरदों के बीच
—मजदूरिन और महतारी की मिली-जुली गंध
जो हो आस-पास तो
सुगम हो जाता है जीवन
कहकहों के पेड़ उगाये जा सकते हैं
जूठे बर्तनों के पहाड़ उठाये जा सकते हैं
कि वही गंध मिलती है उसके मरद को
दिनों बाद, जब कभी, अधरात वह उसकी छाती में सिर छुपाता है
और उसे दुसरकी की याद सताती है।

*(मनु को बनाती मनई में संकलित)*

## चूड़ियाँ

उनकी कलाई की चूड़ियाँ
रंगीन होते हुए भी
नीरंग हैं

चूड़ियों के रंगीन वलय के भीतर
समय-सँवलाई हैं उनकी कलाइयाँ

चूड़ियों में रंग
केवल चूड़ी के कारखाने से नहीं आता है

उदयास्त की आभा वाली लाल चूड़ियाँ
सँवलाती हैं
कि जैसे बादलों में से रंग निकल जाता है
आहिस्ते

लेकिन तँबाये सूखे पत्तों में
नव कोंपलों की रंगगंध शेष रहती है

एक पारदर्शी पल में
मैं देखता हूँ
उनकी कलाई की उदास हरियाली वाली चूड़ियों में
धान के हरे मखमली बीजड़ों की जैसी सजल हरिताभा
अनायास याद दिलाती कि सूरज के रथ के घोड़ों का रंग
हरा है
वे उदास चूड़ियाँ
पर हताश नहीं
जिनकी निगहबानी करती है
एक चूड़ी में पिन्हाई हुई एक आलपिन
मुँहबंद कोटर में सतत सन्नद्ध नोक वाली
एक आलपिन
तमाम-तमाम आपदा-विपदाओं के विरुद्ध मुस्तैद
काँटे से काँटा निकालने वाली
ग्रामीण सरलता से शहरी अहं के गुब्बारे में करने वाली छेद

सामने बैठा, बतियाता
देखता हुआ

कुछ बताने के लिए हवा में उठा
असमय अधेड़ उनका हाथ, हरी चूड़ियों वाला
देखता हूँ
समय-कुसमय के लिए सहेजे एक आलपिन
वे एक माँ-मस्तिष्क की चूड़ियाँ हैं
माँ-मस्तिष्क की चूड़ियाँ
जो फिरोजाबाद के चूड़ी-कारखानों में नहीं
बाल-बच्चों को पालते-पोसते
जिंदगी को सँवारते-सँभालते
गढ़ी जाती हैं सुगोल।

*(मनु को बनाती मनई में संकलित)*

## थनैली

रेल-पथ के समानान्तर
बीहड़ में
थनैली के जंगली पौधे
कँटीले गोलकों में की कठिन नारंगी पंखड़ियों वाले
सूजे-दुखते थनों-स्तनों को
अभय-दान देते
हलकी-सी भी हवा में हिलते-लहरते

थ्री टीयर स्लीपर डिब्बे में
खिड़की पर उझकते स्तन टिकाये, मुग्ध
पूछती है एक आधुनिका अपने साथी से
क्या है वह पौधा, क्या है उसका नाम
साथी को पता तो है बर्थ रिजर्व की दर, गंतव्य पर पहुँचने का टैम,
    गुजरे टेसन का नाम—उसका भी जिस पर रुकेगी नहीं
    यह एक्सप्रेस गाड़ी

लेकिन यह पौधा?
थनैली का जंगली पौधा
कँटीले गोलकों में कठिन नारंगी पंखड़ियों वाला
आँखों को भाता, पुलक भरता छाती में
सूजे-दुखते थनों-स्तनों को आश्वासन देता-सा हिलता-लहरता

पिछले टेसन पर चढ़ कर अगले टेसन पर उतरने वाले
दैनिक यात्रियों के दल में सिकुड़े-सिमटे बैठे
मुस्कुराते हैं एक बूढ़े ग्वाल दादा
अपनी सफेद मूँछों में
याद आती है उन्हें पहलौठी के बाद, सूजे थनों वाली, दरद से
रात-भर डुकरती कबरी गैया
और भिनसारे, ढूँढ-उपार कर ला, थन से थनैली छुलाते ही
दरद का होना छूमंतर
और तब कबरी की वह निश्चिन्त नींद बछड़े की ओर मुँह किये!
कहना चाहते हैं ग्वाल दादा :
खिली रहे थनैली
कि निहचिन्त रहो तुम बिटिया
दूधों नहाओ पूतों फलो
जीवन-यात्रा सफल हो तुम्हारी!

*(मनु को बनाती मनई में संकलित)*

## दाई माँ

वह जो सड़क पर
तुम्हारे आगे-आगे जा रही है
एक अधेड़ औरत

किसी बँगले से निकल कर
सिविल लाइंस की इस जनधमनी में दाखिल होते

तुम कभी-कभी देख सकते हो उसे
यदि इधर से गुजरना होता हो तुम्हारा

उसकी थकी हुई जल्दबाज चाल से
तुम उसे पहचान लेते हो

हर बार उसके हाथ में
घर के लिए कुछ सहेजा हुआ रहता है
बगल से लगा

उसके घर का एक पेट है
जुगत कर लाई चीजों से जिसका काम चलता है

ऐसा बहुतों का हाल है
इस ओर ध्यान देना शिष्टता नहीं गिनी जाती
अतः उसकी अनदेखी-सी करते
गुजरते हो बगल से तुम
जब कभी हुआ गुजरना

लेकिन एक दिन तुम
उस तरह नहीं गुजर सकते
अनाकर्षित
आज तुम जानते हो
आगे-आगे जा रही वह अधेड़ औरत
एक माँ है
उसके घर में है
उसकी राह तकने वाला एक किशोर बेटा
उछाह से जिसकी बाछें खिल जाती हैं

यह मिष्ट सूचना, मानो इष्ट सूचना, मेट देती है सारी शिष्ट दूरी मन में
तुम देखते हो एकटक

उसके हाथ में है एक लाल पतंग
कट कर गिरी और अटकी हुई अधबीच
किसी ऊर्ध्वग्रीव मकान की मुँडेर पर, उठा ली गयी कर्म-कर्कश
ममतालु हाथों

वह पतंग जिसने देर तक प्रतीक्षा की थी
दाई माँ का काम खत्म होने की
वह एक लाल पतंग
जिसकी लालिमा में घुली हुई आकाश की नीलिमा
आकाश का स्वाद चख चुकी एक पतंग
आकाश से ओत-प्रोत कि उससे चूता जाता आकाश
भले ही चू गयी हो वह आकाश से मरे हुए पक्षी की तरह
वह एक नँथी हुई नभचर
पिटी कटी होने पर भी कटीपिटी नहीं
बची हुई अक्षत

उसका भविष्य आकाश की तरह बड़ा है

जिसके उद्भास में तुम्हारी निगाह जाती है
उस बच्चे पर
जिसके लिए
आज एक विस्मय आ रहा है घर
एक प्रतीक्षित विस्मय
जिसके अभाव की क्षतिपूर्ति नहीं कर सकती
क्षुधापूर्ति हर दिन की

तुम नहीं चाहते हो, एक बचपन
कटी हुई पतंगों पर पुसे
लेकिन तब भी एक आशीष-सा कुछ
उछलता है तुम्हारे मन में
हालाँकि तुम जानते हो कि उससे

थोड़ी भी मजबूत नहीं हो सकती
न तो इस पतंग की डोर, न उस जिंदगी की डोर
जिससे बँध कर, इस पतंग को
आकाश के नाम धरती के प्रेमपत्र में बदल जाना है।

*(मनु को बनाती मनई में संकलित)*

## ऐ काकी!

ऐ काकी!
एकाकी
रह गयीं तुम
काका के जाने के बाद

पहले तुम्हारी साड़ी सफेद हुई
फिर तुम्हारा सिर सफेद हुआ
समय की धूप सहते
सिर के सफेद आँचल की छाँव में

तुम्हारी बातें भी धीरे-धीरे उजली हो आयीं
सेमल के लाल फूल के झड़ जाने के बाद
उकसी-उपजी रूई की तरह उजली
वैसी ही हलकी-फुलकी
हवाओं में उड़ने वाली
दिशाओं में बच्चों को खोजती हुईं
तलहथियों की तकोली उनके सपनों के शीशतल
लगाने की आकुलता में

और बच्चे हैं
कि कहानियों की कहनी से दूर
भाग कर जा छिपे हैं पुकार से परे

कर्ण-गुहाओं में विज्ञापनी जिंगल-संगीत भरे
किन्हीं अविज्ञापित जंगली गुहाओं में नवसभ्यता की
कामिक बुक्स और वीडियोगेम और टेलिविजन के आगे कि पीछे
घर के ही किन्हीं कोनों में
लेकिन न जाने कितने ध्वनि-वर्ष दूर
ध्वनि-वर्ष होते हैं कि नहीं कहीं और, पता नहीं
दूरियों के महान्तरालों के रूप में
कि नभ में सितारों की पारस्परिक दूरियों के रूप में
जिस तरह पसरे हैं किरण-लंघ्य प्रकाश-वर्ष
पृथ्वी पर आदमियों की पारस्परिक दूरियों के रूप में
पसरे हैं अलंघ्य आवाजसोख ध्वनि-वर्ष, पसरते जा रहे हैं
अध्वनित ध्वनि-वर्ष
शोरशराबे और संगीत के बावजूद स्तब्ध
जिनके एक किनारे खड़ी
दिखती हो तुम, ऐ काकी!
एकाकी
सोहरगीतों को गटकती हुई
सिसकियों की तरह।

*(मनु को बनाती मनई में संकलित)*

## विदा, माँ!

सुहागिन मरी थी
इसलिए आलता रचा था पैरों में
गोतनियों और बहुओं ने सोलहो सिंगार से साजा था, बिलखते हुए
हमेशा से सुन्दर थे उसके पैर
आँच में दमक कर सुन्दरतम हो उठे थे उस घड़ी
अन्तिम यात्रा पर जाते हुए

वह कहलगाँव का गंग-कूल था ऊँचा-नीचा
जहाँ जरा-सी समतल जगह खोज, चिता सजी थी
मैं जहाँ था वहाँ से बस उसके तलवे दिखते थे
चिता से तनिक बाहर को निकले हुए
कि जैसे पूस की जड़ाती रातों में भी
ओढ़ी हुई रजाई से रह-रह बाहर निकाल रखती थी पैर
वह—मेरी माँ
आँगन-भर की उसकी धरती
धरती का आँगन थी
जिस पर दिन-भर घूमते थे अनथक उसके पाँव
काम अबेरते हाथों के साथ
देर रात तक

मुझे चिन्ता थी
कहीं चू न पड़ें चिता से बाहर
तनिक बाहर को निकले-से वे पैर
तब दो लुआठियों की सँड़सी से उठा
उन्हें डालना होगा वापस
लहकती चिता में

नहीं-नहीं
नौ मन के करीब लकड़ी चिनी है
बिल्कुल दुरुस्त
देखियेगा, देह झुरेगी तो आप खिंचेगी
—धीर बँधाया था अनुभवी जनों ने

धीर बँधाने को
क्रौंच-युगल में से बच रहे के पास
अब केवल यादें—
मैंने आँखें मोड़

अस्सी पार के अपने पिता की ओर ताका
पक्षियों की हड्डियों की तरह ही
पोली हो आयी हैं जिनकी हड्डियाँ
कि धरती छोड़ उड़ जाने में
देर न लगे

तभी
आँख की कोर से दिखा
गंगजल में
उछली एक सूँस—शायद शावक

ओह!
औचक हरखा मन, विषाद चीर
बनारस की बिसूखी गंगा में तो नहीं
पर यहाँ
कहलगाँव की गदरायी गंगा में
बची है गांगेय डॉलफिनों की किलोल

किलकारी एक, गूँजी हवा में
शवसंगी लोगों में आया हुआ एक बच्चा

मैंने जाना
अपनी बेटियों में, नातिनों में
बेटों में, पोते-पोतियों में, परम्पर
जियेगी वह
धरती धाँगते उनके पैरों में
अपने पैर बढ़ायेगी

देखा
आग की रजाई के भीतर
आखिर समेट लिये थे उसने अपने पैर
धरती को सुन्दर करने आये अपने सुन्दर पैर

मैंने चुप कहा :
विदा, माँ!

*(मनु को बनाती मनई में संकलित)*

## घिरते अँधेरे में

घिरते अँधेरे में
घिरते हुए
पेड़ों के साथ मेरी भी साँसें हो रही हैं भारी

बाँध रहा है गोलार्ध को
अपनी रस्सियों से अँधेरा
चमकते तालाबों पर रख रहा है करतल
रोशनदानों से आ लगा है उसका बड़ा-सा कान

अँधेरा चाहता है अँधेरा केवल अँधेरा

लेकिन कितनी देर?
समुद्रों के तलान्तों से निकल आयेंगी ज्योतितन मछलियाँ
अपने गाढ़कृष्ण वक्ष पर आकाश प्रकट करेगा आकाशगंगा
पृथ्वी की टेबुल पर रख देगा आदमी अभी लैम्प।

*(भिनसार में संकलित)*

## दरस-रस

शरच्चन्द्र
के दरस से हमने आँखें धोयीं
तो जाना, वे दुखती थीं।

*(असंकलित)*

## तारक मंत्र

यह सान्ध्य तारक!
कुछ कहती-सी इसकी भास्वर कँपकँपाहट!—
ही है मुझ को तारक मंत्र
एक नास्तिक को भी—उद्धारक मंत्र!

*(असंकलित)*

## बद्धमुक्त

आऊँगा
हाँ, मैं आऊँगा
आवागमन के चक्र से बँधा
इस पृथ्वी पर बार-बार
झड़ूँगा-उगूँगा
अनथक
पृथ्वी की संतान

उद्धारक!
तुम्हारा मोक्ष तुम्हें मुबारक।

*(संशयात्मा में संकलित)*

✪✪✪